Die Kieler Hansekogge

Der Nachbau eines Historischen Segelschiffes von 1380

Uwe Baykowski

Rke - Verlag, Kiel

DIE KIELER HANSEKOGGE

Mit Texten
von

Ingo Clausen

Werner Dammann

Kurt Lange

Harro Postel

Winfried Ruhnke

Hans-Rudolf Rösing

und Fotos
von

Helmut Dose

Kai Greiser

Rolf Kelling-Eischeid

Reinhard Ziermann

sowie Zeichnungen
von

Martina Poersch
und
Reinhard Ziermann

Herausgegeben von
Hans-Rudolf Rösing

DIE KIELER HANSEKOGGE

Impressum:
Uwe Baykowski:
Die Kieler Hansekogge - Nachbau eines historischen Segelschiffes von 1380
© 1991 by RKE-VERLAG, Rolf Kelling-Eischeid, Kiel
Dieses Werk ist einschließlich aller seiner Teile urheberrechtlich geschützt. Jede Verwertung außerhalb der engen Grenzen des Urheberrechtsgesetzes ist ohne Zustimmung des Verlages unzulässig und strafbar. Das gilt insbesondere für Vervielfältigungen, Übersetzungen, Mikroverfilmungen und die Einspeicherung in elektronischen Systemen.
Satz und Layout: RKE-Verlag

Druck: WDA - Grafischer Betrieb, Brodersdorf
Buchbinder: Hunke & Schröder, Iserlohn
ISBN 3 - 924381 - 34 - 8

Dieses Buch wurde auf chlor- und säurefreiem Papier gedruckt und auf eine Verpackung bewußt verzichtet!

INHALT

DIE KOGGEN - LASTESEL UND STOLZ DER HANSE
Vorwort und Einführung in den historischen Hintergrund • von Werner Dammann 7

DER BAU DER KIELER HANSEKOGGE
Die dritte Kiellegung 11
Vorüberlegungen zum Bau 13
Die Nägel • von Winfried Ruhnke 16
Bratspill, Gangspill, Ruder und Pinne 17
Aufriß auf dem Schnürboden 20
Baubeginn in der Halle 21
Aufstellen der Mallspanten 21
Aufplanken 24
Kalfatern 28
Bodenwrangen und Spanten 30
Querbalken und Gang 9 34
Stevenbänder und Kielschwein 36
Innenbeplankung 37
Querknie 38
Die KIELER RITZE 39
Außensteven vorn 40
Das erste Zuwassergehen 40
Stapellauf und Taufe 42
Konservierung 43
Deck 43
Bugversteifungen 45
Seitensteven 47
Der Einbau des Bratspills 48
Die Rüstbalken mit den Wantkästen 49
Kastell 50
Ballast 53
Das Rigg 54
Der historische Anker • von Kurt Lange 65

DIE SEGELEIGENSCHAFTEN DER HANSEKOGGE
nach den Windkanalversuchen • von Ingo Clausen 67

MODELLVERSUCHE ZUR HANSEKOGGE
im Wasser-Umlauftank der FH Kiel • von Harro Postel 70

DIE ERSTEN SEGELVERSUCHE 74

DER SOZIALE ASPEKT UNSERER ARBEIT 83

NACHWORT DES HERAUSGEBERS 89

ANHANG
Die HANSEKOGGE in Zahlen 90
Stichwortregister 91
Abbildungsnachweise 91

Einführung und Vorwort

DIE KOGGEN - LASTESEL UND STOLZ DER HANSE

Kaum ein anderer Schiffstyp wird so häufig genannt, aber auch so gründlich verkannt, wie die Kogge der Hanse. Der Begriff ist zum Synonym für altertümliche Schiffe schlechthin geworden, das reicht vom Wikingerschiff bis zur VICTORY. Unsere Altmeister der Schiffshistorie, wie z.B. Vogel, Hagedorn u.a., vermochten noch nicht diesen Schiffstyp klar zu identifizieren, und die oft reich illustrierte maritime Literatur der letzten Jahrzehnte verwirrte eher, als daß sie klärend gewirkt hätte. Erst Dr. Paul Heinsius gebührt das Verdienst, das Bild der Kogge klar herausgestellt zu haben!

So schrieb er in seinem Werk von 1956 *Das Schiff der Hansischen Frühzeit*: "Die Koggen waren ein gradkieliger, hochbordiger Fahrzeugtyp mit ziemlich geraden und recht steilen Steven. Sie führten ein großes, viereckiges, mit zwei Schoten dirigiertes, an einer Rah befestigtes Segel. Außerdem zeigen einige Reliefs auf Siegeln, daß die Fahrzeuge eine recht gedrungene Form hatten. Trotzdem war das Unterwasserschiff verhältnismäßig scharf gebaut und zum Segeln gut geeignet ..."

Obwohl mittlerweile einige Jahrzehnte ins Land gegangen sind, haben sich Heinsius' Erkenntnisse offenbar nur bei Insidern herumgesprochen. Als ich kürzlich ein gut illustriertes Sachbuch in die Hand bekam, suchte ich gleich das Kapitel KOGGE - und erschrak. Der Kolumnentitel sprang mir schmerzlich ins Auge "Die Kogge war eine Holk" - doch genau das war die Kogge nicht!

Die Kogge und die Hanse sind zwei Begriffe, die in der Geschichtsschreibung unmittelbar miteinander verknüpft sind. Die deutsche Hanse hatte sich im Mittelalter zu einer mächtigen überregionalen Handels- und Wirtschaftsmacht entwickelt, die über Jahrhunderte in Nord- und Westeuropa marktbeherrschend war. Das wäre ihr aber nicht ohne ausgedehnten Seetransport mit leistungsfähigen Seefahrzeugen möglich gewesen. Ihre Lastesel waren die Koggen, wie zahlreiche Siegelbilder jener Epoche zwischen Elbing im Osten

Abb. 1: Siegel der Stadt Kiel aus dem 14. Jahrhundert.

und Frankreich im Westen, uns zeigen - sie müssen auch der Stolz ihrer Heimathäfen gewesen sein. Von unseren Hansehäfen aus befuhren sie die Meere nach Rußland, dem Baltikum, Skandinavien, England, Friesland, Flandern, Frankreich und mit den Kreuzrittern sogar in das Gelobte Land. Die Koggen müssen zumindest über längere Zeiten hinweg anderen Fahrzeugen gegenüber Eigenschaften und Vorzüge besessen haben, die sie daher überlegen machten. In Annalen und Urkundenbüchern wurden immer Koggen erwähnt, aber kein Zeitgenosse hat sie uns näher beschrieben. Andererseits zeigt uns das ikonographische Material, insbesondere die Siegelbilder, daß es recht unterschiedliche Typen gab. Zudem waren die Darstellungen oft von zweifelhafter Qualität, so daß man kaum herausselektieren konnte, welcher Typ nun eigentlich die Koggen repräsentierte.

Im Oktober 1962 fand man schließlich bei Baggerarbeiten im ehemaligen Weserbett bei Bremen Schiffsplanken, die bei näherem Hinsehen auffallende Merkmale zeigten, die Heinsius als koggentypisch bezeichnet hatte. Obwohl man damals - jahreszeitlich bedingt - unter Zeitdruck stand, konnte der ehemalige Kustos des Fockemuseums in Bremen, Herr Dr. Fliedner, das Interesse des Bremer Senats wecken, der schließlich kurzfristig die notwendigen Mittel für eine schnelle Bergung des Fundmaterials bereitstellte.

Es gelang den größten Teil des Wracks abzubergen und sicherzustellen. Später wurde noch einmal mit Hilfe eines Tauchglockenschiffes der Wesergrund abgesucht, wobei man weiteres Material fand. In Bremen konnten die eingelagerten Koggenteile zwar vor Austrocknung und Fäulnisbefall geschützt werden, aber die Voraussetzungen für einen Wiederaufbau und eine endgültige Konservierung waren nicht gegeben - diese wurden erst mit der Einrichtung des Deut-

DIE KIELER HANSEKOGGE

Abb. 2: Das Koggenwrack von 1380 in der Weser.

schen Schiffahrtsmuseums in Bremerhaven geschaffen.

Erst zehn Jahre nach seiner Entdeckung, am 1. November 1972, konnte der Wiederaufbau dieses Jahrhundertfundes unter der Leitung des Schiffbaumeisters Werner Lahn beginnen, doch bis zur Fertigstellung vergingen weitere neun Jahre. Das Ergebnis war eine Kogge, deren Bauholz im Jahr 1380 geschlagen und auch verbaut worden war. An Steuerbord war sie vom Kiel bis zum Handlauf des Achterkastells fast vollständig erhalten, an Backbord allerdings nur knapp zur Hälfte. Beide Steven waren vollständig, so daß heute das Bild einer fast kompletten Kogge präsentiert werden kann.

Da die Hölzer jahrhundertelang im feuchten Wesergrund lagen - sie hatten bei der Bergung die Konsistenz weicher Kekse - wurde die Kogge mit einem mächtigen Stahlbehälter umgeben, in dem sie in einem Polyethylenbad mehr als 20 Jahre gründlich konserviert und stabilisiert werden muß, bevor sie der Öffentlichkeit in ihrer ursprünglichen Form gezeigt werden kann.

Die Dokumentation des Wiederaufbaus von Werner Lahn von höchster Qualität und Aussagekraft ist inzwischen abgeschlossen, und damit stehen wir nun in der Koggenforschung mit der BREMER KOGGE auf ganz festem Boden. So konnte z.B. ein dänischer Wrackfund aus dem Koldingfjord, der in den Jahren 1943/44 gemacht wurde und den man damals keinem bekannten Schiffstyp zuordnen konnte, ebenfalls als Kogge identifiziert werden. Ebenso verhielt es sich mit einem niederländischen Fund aus Noordoostpolder aus der gleichen Zeit, und mittlerweile kamen weitere Koggenfragmente in Dänemark und Holland zu Tage. Meistens handelt es sich jedoch nur um Bodenpartien, mit Resten des Kimmansatzes und Stevenstumpen, doch bestätigen sie das von Heinsius skizzierte Grundmuster und hatten im Vergleich mit der BREMER KOGGE sieben Gemeinsamkeiten, die man guten Gewissens als koggentypische Merkmale bezeichnen darf.
Sie haben:

1. Eine gerade, flache Kielplanke (meistens doppelt so hoch wie die übrigen Bordplanken).

2. Gerade Vor- und Achtersteven, die schräg ausgestellt sind.

3. Kielplanke und Steven sind jeweils durch Stevenknie miteinander verbunden, die aus gewachsenem Krummholz gefertigt waren.

4. Die Rumpfschale wurde im Boden karweel und an den Seiten klinker beplankt.

5. Die Bodenplanken enden an den Steven seitlich in einer Sponung, wogegen die Seitenplanken einfach parallel an die Steven gespiekert waren und bündig mit der Stevenvorkante abschlossen.

6. Die Klinkernähte der Seitenplanken sind durch Spiker miteinander verbunden, deren Spitzen zweimal umgeknickt und wieder in das Holz zurückgeschlagen wurden.

7. Die Plankennähte waren vorwiegend mit Moos kalfatert, das mit Leisten in die Fugen gepreßt, und dann mit krampenförmigen Klammern (Senteln) befestigt wurde.

So viele Gemeinsamkeiten sind kein Zufall mehr. Schließlich wurden die Fahrzeuge zu sehr unterschiedlichen Zeiten, und mit Sicherheit auch auf verschiedenen Bauplätzen erbaut. Das sind Erkenntnisse, die Dr. Heinsius bei der Abfassung seiner Arbeit noch nicht wissen konnte. Auf zahlreichen Siegelbildern erkennt man Fahrzeuge dieses Typs, auf einigen sehr gut ausgearbeiteten Abbildungen erkennt man sogar deutlich Konstruktionsdetails, die an der BREMER KOGGE an gleicher Stelle wiederzufinden sind.

DIE KOGGEN - LASTESEL UND STOLZ DER HANSE

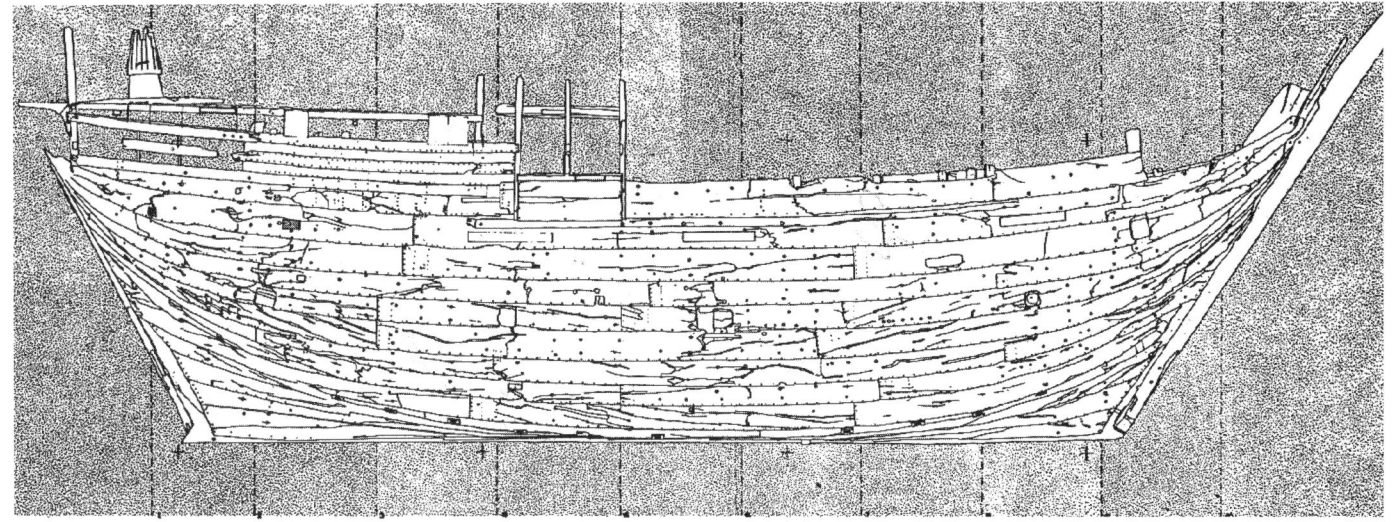

Abb. 3: Fotogrammetrische Aufnahme der Steuerbordseite der Originalkogge von 1380

Die Koggen sind keine Plattbodenfahrzeuge, wie fälschlich immer wieder geschrieben wird, sondern lediglich im Mittelteil breit im Boden, wie es bei allen Frachtfahrzeugen üblich ist. Die zum Teil nahezu waagerecht liegenden Bodenplanken drehen sich nach den Steven hin in die senkrechte Lage auf, damit geben sie den Schiffen ein scharfes Vor- und Achterschiff, das sie zu ganz guten Segelfahrzeugen macht.

Besonders erfreulich und bewunderswert ist die Initiative, die von den Verantwortlichen in Kiel und Schleswig-Holstein in einer Zeit knappen Geldes ergriffen wurde, um eine echte HANSEKOGGE wieder zu neuem Leben zu erwecken und in Fahrt zu bringen. Nach den hervorragenden Plänen von Werner Lahn wurde die authentische Kopie der Bremer Kogge von dem ebenso fähigen Koggenbaumeister Uwe Baykowski aus Kiel gebaut - mit seiner Wahl haben die Kieler m.E. einen Glückstreffer gelandet, denn mit diesem Werk hat er historischen Schiffbau par excellence geleistet. Hier war hohes handwerkliches Können und Einfühlungsvermögen verlangt, und weit mehr als das was man in Lehre, im Beruf oder aus Büchern erfahren konnte. Er bewies eine Aufgeschlossenheit und Einsatzfreude, wie sie heute nur selten anzutreffen ist. Es war auch stets beeindruckend, daß unter seiner Führung ein angenehmes und ruhiges Klima herrschte und trotz aller Emsigkeit und oft härtester Knochenarbeit Spaß und Fröhlichkeit nicht verloren gingen.

Unter den Kieler Boostbauerhänden entstand beileibe kein museales Anschauungsobjekt, sondern ein historisches Denkmal der Technikgeschichte, das zugleich ein wissenschaftliches Forschungsinstrument von unschätzbarem Wert ist. Es wird uns befähigen, praktisch die Eigenschaften und Möglichkeiten dieses praktischen Fahrzeugtyps zu erproben und nachzuvollziehen, damit wir auf diesem Gebiet unser Wissen fundieren und manche Schreibtischtheorie endlich ad absurdum führen können.

Dieses Schiff verkörpert das klassische Bild der Kogge, es ist keine hypothetische Rekonstruktion - in Form und Bauweise ist alles echt! Es wäre schön, wenn es auch noch einen würdigen Namen erhielte, wie es sich für ein Schiff geziemt, denn HANSEKOGGE ist kein Name sondern eine Typenbezeichnung ...!

Allen Verantwortlichen und Förderern dieses Projektes, dem Meister und seinen zahlreichen Helfern und Mitarbeitern gebührt unser Dank. Diesem stolzen Schiff der Hanse wünsche ich allzeit gute Fahrt und eine Handbreit Wasser unter der Kielplanke!

Werner Dammann
im April 1991

DER BAU DER KIELER KOGGE

DIE DRITTE KIELLEGUNG

Der Leiter des Arbeitsamtes Kiel, Dr. O. Koglin, konnte 1986 die Mittel für eine Arbeitsbeschaffungsmaßnahme (ABM) zum Nachbau der Kogge sicherstellen. Als Träger des Projekts konstituierte sich der "Verein Jugend in Arbeit e.V." bei der Industrie- und Handelskammer zu Kiel. Auf die Ziele und Absichten, die der Verein mit diesem Projekt verfolgt, werde ich weiter unten noch ausführlicher eingehen. Hier nur der Hinweis, daß das Hauptanliegen des Vereins ist, jungen Menschen, die aus allen möglichen Gründen keinen Abschluß haben erreichen können, zu einer handwerklichen Weiterbildung zu verhelfen, und zwar mit Arbeiten an Projekten, die später benutzt und eingesetzt werden können. Ganz sicher gehört die Kogge dazu, zudem haben einige der am Bau Mitarbeitenden die Aussicht, später einmal auf dem Schiff mitzusegeln. Mehrere ehrenamtliche Mitarbeiter unterstützen den Verein in wichtigen Fragen, so bei den Überlegungen zum Rigg, zur Besegelung und zur Handhabung des Schiffes. Auf diesem Gebiet sind noch viele Fragen offen, denn darüber haben wir keine gesicherten Erkenntnisse.

Mit dem Deutschen Schiffahrts-Museum wurde vereinbart, daß es die Bauaufsicht und die wissenschaftliche Leitung, auch der nach Fertigstellung beabsichtigten Fahr- und Segelversuche, übernehmen würde. Hierfür stellte sich der technische Direktor des Museums, Herr Dipl.-Ing. Wolf D. Hoheisel, zur Verfügung.

Mir wurde die Leitung des Baues übertragen. Natürlich brauchte ich zu meiner Unterstützung ein paar gelernte Kräfte. Es war geplant, 8 bis 10 arbeitslose Bootsbauer oder andere Holzarbeiter in die ABM einzubeziehen. Wir brauchten in erster Linie Bootsbauer, aber auch Tischler, Zimmerleute, ein Schmied, Segelmacher und Takler waren gefragt. Voraussetzung für den Fortgang der Arbeiten war, daß die nach den jeweils zwölf Monaten einer ABM ausscheidenden Mitarbeiter rechtzeitig ersetzt wurden. Die geplante Zahl gelernter Kräfte wurde allerdings nicht immer erreicht. Nachdem dann die meisten von ihnen erfreulicherweise feste Arbeitsstellen bekommen hatten, arbeitete ich mit förderungsbedürftigen Jugendlichen, deren Anzahl um die 20 schwankte.

Als mir die Aufgabe gestellt wurde, dachte ich, "das kriegen wir schon hin!" Zwar hatte ich nur einen reichlich nebelhaften Begriff von einer Hansekogge, aber ein Schiffskörper von 23 m Länge und gut 7,6 m Breite kann doch einen Bootsbauer nicht schrecken, sind das doch etwa die Abmessungen eines Fischkutters. Aber als ich dann in Bremerhaven die Kogge vor mir sah, diese gewaltige Masse verbauten Holzes, da ahnte ich, was auf mich zukommen würde - und es wurde mir etwas weich in den Knien. Schnell erkannte ich

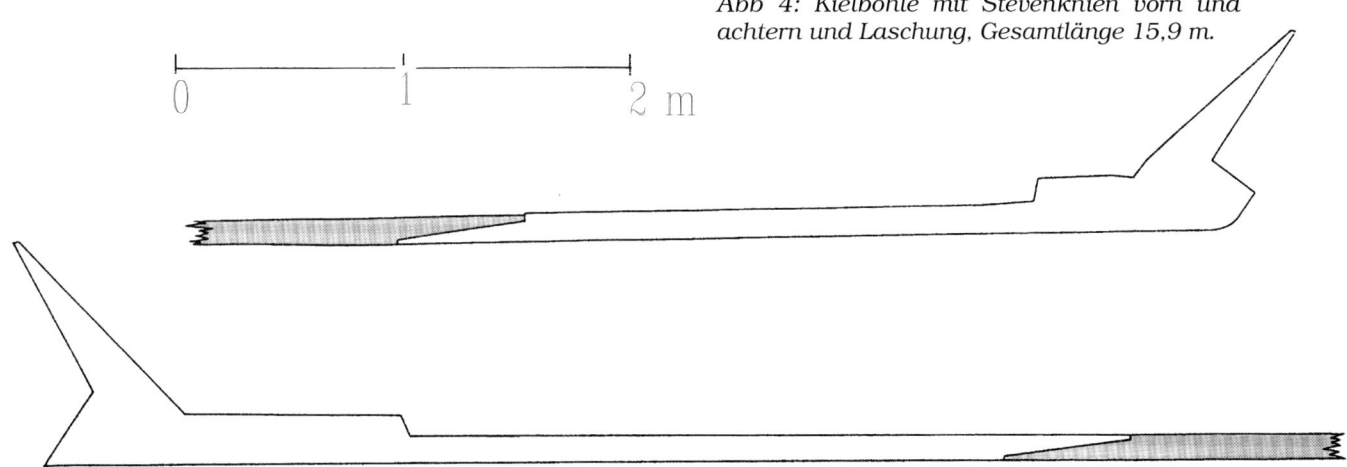

Abb 4: Kielbohle mit Stevenknien vorn und achtern und Laschung, Gesamtlänge 15,9 m.

auch, daß es mehr sein würde als die Herausforderung an handwerkliches Können.

Jeder Arbeitslose ist aus seiner Bahn geworfen, und in einer kritischen Situation seines Lebens. Ganz besonders gilt das für einen jungen Menschen, der aus dem einen oder anderen Grunde den Start ins Berufsleben nicht geschafft hat. Ihn galt es zu motivieren, ihm ein vielleicht erstes Erfolgserlebnis zu verschaffen.

Am 1. Juni 1987 begannen wir mit der Arbeit. Aber weil die Bauhalle für die Kogge noch nicht stand - sie wurde erst zu Beginn des nächsten Jahres fertig - mußten wir uns auf vorbereitende Arbeiten beschränken. Es war daher kein Nachteil, daß uns nur fünf Handwerker - 4 Bootsbauer und ein Tischler - zur Verfügung standen. Eine Zeitlang arbeiteten wir sogar nur zu zweit.

Trotzdem legten wir am 12. Juni in der großen Halle der Yacht- und Bootswerft Rathje in Kiel-Pries, die im Sommer nicht belegt war, den Kiel - die dritte "Kiellegung".

Diese Veranstaltung war allerdings ein Provisorium, weil das für Kiel und Steven vorgesehene Eichenholz noch nicht eingetroffen war. Kiel, Vor- und Achtersteven wurden durch Schablonen aus Fichtenholz dargestellt. Bei der Kiellegungsfeier im kleinen Rahmen waren außer den Vertretern der Werft, der IHK, des Arbeitsamtes Kiel und des Vereins Jugend in Arbeit der Direktor Hoheisel vom DSM und der Oberbürgermeister der Stadt Kiel, Herr H. Luckhardt, anwesend.

Wenige Tage später wurde das Holz für die drei Teile des Kiels, sowie je zwei Teile für den Vor- und Achtersteven angeliefert. Bei deren Bearbeitung machten wir die erste Bekanntschaft mit unserem "Protagonisten", dem Dechsel. Erst einmal bescherte er uns einen zünftigen Muskelkater, doch bald lag uns das Werkzeug gewohnt in der Hand. Diese Arbeit gab bereits einen Vorgeschmack auf das, was da an körperlichen Anforderungen noch auf uns zukommen würde. Doch nicht nur der Dechsel forderte uns - in drei Tagen sägten die fünf Mitarbeiter den 8 m langen Vorsteven mit zwei Großsägen von Hand zu. Die zwei Kiellaschen wurden mit dem Dechsel zurechtgeschlagen und angepaßt.

Die Abmessungen des Kiels: Länge 15,9 m; Breite 400 mm; Höhe der Kielbohle 125 mm. Die Kielbohle ist aus drei Stücken zusammengesetzt, die durch einfache Laschen miteinander verbunden sind.

Im Sommer 1991 ist die Kogge so weit, daß unter Leitung des DSM Versuche in der westlichen Ostsee stattfinden können, von denen wir Erkenntnisse über die Segeleigenschaften und Leistungen der Koggen erwarten. (Näheres über die Bergung und den Aufbau der Kogge im DSM unter der Leitung des Restaurators Werner Lahn in der Schrift "Die Hansekogge von 1380", Hrsg. Klaus-Peter Kiedel und Uwe Schnall, Bremerhaven 1982.)

VORÜBERLEGUNGEN ZUM BAU

Je tiefer wir uns in das Projekt hineindachten, desto mehr Fragen stellten sich uns. Eine der ersten war: Was machen wir heute anders als die Koggenbauer und aus welchen Gründen?

Bereits bei den ersten Arbeiten galt es, sich mit dem Problem der Authentizität auseinanderzusetzen. Das Ziel war klar: Ein Nachbau, der in jeder Einzelheit dem Original entsprechen sollte. Aber für den Weg dahin stellten sich von vornherein viele Fragen, die im Wesentlichen und Grundsätzlichen zwar vom wissenschaftlichen Projektleiter zu beantworten waren, die aber oft auch von der Bauleitung am Ort Entscheidungen forderten, die dann wieder mit dem DSM abzustimmen waren. Zum Beispiel: Wie weit soll der Bauvorgang selbst dem historischen Vorbild - soweit das überhaupt bekannt ist - folgen? Wann wäre es zweckmäßig, sich eng daran zu halten?

Bei dem Nachbau der Wikingerschiffe von Roskilde ist Ole Crumlin-Petersen auf diesem Wege sehr weit gegangen. Doch stellt sich die Frage, wieweit dies mit den gegenwärtig verfügbaren Baumaterialien, vor allem natürlich dem Holz, möglich ist. Die Werkzeuge werden zwar denen der alten Schiffbauer nachgebaut, doch ist nicht garantiert, daß sie im Material und in ihrer Handhabung ganz den alten entsprechen. Auch ist zu bedenken, daß die Menschen, die jene Schiffe bauten, in ihrer Ausbildung, im Können und Wissen, wohl auch in ihrer körperlichen Verfassung anders gewesen sein müssen als der Handwerker von heute. Bei den kleineren Roskildeschiffen mögen die Antworten auf Fragen dieser Art einfacher gewesen sein als bei der viel größeren Kogge, bei der hinzukommt, daß die Zahl der beim Nachbau eingesetzen Arbeitskräfte nur sehr viel kleiner sein kann, als sie aller Wahrscheinlichkeit nach beim Original gewesen ist.

Maßgebend bei solchen Entscheidungen kann nur sein, ob und wie sie eventuell das Endergebnis, nämlich die Erprobung des Schiffes wie es war, verfälschen oder nicht. Dabei geht es auch um die Frage, ob und gegebenenfalls wie die Bearbeitung mit modernem Werkzeug und Maschinen, die Eigenschaften der verwendeten Baustoffe, hier in ersten Linie wieder des Holzes, aber auch der Metalle, des Tuches für die Segel oder des Tauwerks, das Produkt verändern könnten.

Kompromisse mußten geschlossen werden bei der Frage, ob moderne Werkzeuge und Werkzeugmaschinen oder Nachbildungen alter Werkzeuge eingesetzt werden sollten.

Die Werkzeuge der alten Schiffbauer waren, wie bis fast in unsere Tage, die Handsäge - für große Stücke von zwei Mann, einer oben einer unten - bedient, der Löffelbohrer und vor allem der Dechsel. Wo möglich, sollte beim Nachbau modernes Werkzeug (Elektrosägen, elektrischer Hobel, Bohrmaschinen usw.) eingesetzt werden, einmal, um Zeit und Arbeit zu sparen, aber auch, um die Mitarbeiter mit den modernen Werkzeugen vertraut zu machen. Doch manchmal war eine Elektrosäge dem Eichenholz nicht gewachsen, und dann war doch die Handsäge dran. Der Dechsel ist heute ganz aus dem Gebrauch gekommen. Aber für uns wurde er zu einem Hauptwerkzeug. Im Laufe der Zeit bildeten sich wahre "Virtuosen des Querbeils" heraus, und viele

Abb 5: Mit dem Dechsel putzt Harry Rathke das achtere Stevenknie.

Flächen und Schmiegen legen von ihrer sauberen Arbeit Zeugnis ab.

Weitere Fragen zur Bauweise des Originals und zur Vorgehensweise beim Nachbau drängten sich auf. Warum waren die Bodenpartie und die untersten zwei Plankengänge karweel geplankt und der Rumpf von der vierten Planke an geklinkert? Warum hatten die Koggenbauer die Innensteven hinter die Stevenknie gesetzt und nicht davor, wie wir es heute machen würden? Die Stevenknie wurden übrigens für uns zu einem besonderen Problem. Allem Suchen zum Trotz konnten wir keine passenden Astgabeln finden und entschlossen uns daher schweren Herzens, sie, anders als beim Original, aus zwei Teilen zusammenzusetzen. Hätten wir doch länger suchen sollen? Glücklicherweise fanden wir später noch passende Stücke, so daß wir diesen "Sündenfall" wieder ausbügeln konnten.

Dann war zu entscheiden, ob die Kogge auf Spanten oder als Schale gebaut werden sollte. Der Fund hatte eindeutig bewiesen, worauf ich noch zurückkommen werde, daß damals erst die Rumpfschale gebaut und die Spanten hinterher eingesetzt worden waren. Das entspricht auch dem heutigen Verfahren beim Bau von geklinkerten Booten, zum Beispiel dem Folkeboot, weil nur so eine ausreichende Paßgenauigkeit zwischen Planken und Spanten hergestellt werden kann. Um eine einwandfreie Formgenauigkeit zu erreichen, werden Klinkerboote heute über Mallen gebaut und die Spanten wie früher nachträglich eingesetzt. Man weiß, daß die Koggen des Mittelalters freihändig gebaut wurden. Aber in Übereinstimmung mit Herrn Hoheisel wurde der Entschluß zu einem Bau über Mallen gefaßt; zum einen, um eine präzise Nachbildung der Kogge, deren Seiten nicht genau symmetrisch waren, zu erhalten, zum anderen, weil wir nicht wissen, wie unsere Vorfahren die Schale aufgebaut und so erstaunlich exakt hinbekommen haben. Auch die Wikingerboote und deren Nachbauten in Roskilde sind Schalenbauten. Wir nahmen mit dem Leiter dieser Projekte, Herrn O. Crumlin-Petersen, Kontakt auf; er ist an unserem Bau sehr interessiert, und wir verdanken ihm manche Anregung.

Weitere Überlegungen galten dem Holz. Die Funduntersuchungen hatten ergeben, daß für den Bau der Bremer Kogge frisches Eichenholz, das sich leichter bearbeiten läßt als abgelagertes, benutzt worden war. Möglicherweise waren die dafür ausgewählten Bäume "geringelt" worden. Dabei wird im Frühjahr vor dem Schlagen des Stammes das Kambium, die unter der Borke am weitesten innen liegende Schicht vor dem

VORÜBERLEGUNGEN ZUM BAU

Holz, am unteren Ende des Stammes ringförmig abgetrennt, so daß die Nährsäfte nicht mehr von der Wurzel nach oben steigen und die Blätter sich ihren Saft aus dem Stamm holen, was gewissermaßen eine Vortrocknung bewirkt. Wahrscheinlich wurden die Stämme im Winter geschlagen, um im Frühjahr oder Sommer zum Bauplatz geflößt zu werden. Heutzutage würde die Auswahl der Krummhölzer für Spanten und Bodenwrangen nicht einfach sein (Abb. 6), denn man "trimmt" die Bäume auf möglichst biegungsfreies Wachsen. Auch sahen wir Schwierigkeiten voraus bei der Suche nach Stämmen, die für die breiten und starken Planken geeignet sein würden. Der "Baum des Bootsbauers" zeigt, worauf meine Augen "programmiert" sind, wenn ich durch den Wald gehe. - "Hast Du denn nur Augen für diese krummen Äste?", muß ich dann hören - Berufskrankheit!

Die Planken der Bremer Kogge waren gesägt worden; ihre Stärke schwankt zwischen 39 und 50 mm. Dabei beträgt die Abweichung selbst bei einer 9 m langen Planke nicht mehr als 3 mm, erstaunlich exakt! Wir sägten unsere Planken im Gatter und machten sie 45 mm dick. Die Breiten und Längen der Planken übernahmen wir vom Fund: gut 600 mm breit und zwischen 3 und 9 m lang.

Es ist vielleicht von Interesse, daß die Planken älterer Schiffe als die Kogge - die Schiffe der Wikinger sind ein hervorragendes und gut gesichertes Beispiel - nicht gesägt, sondern aus dem Stamm gespalten wurden. Jeder Stamm hat Markstrahlen, die von dem mehr oder weniger in der Mitte des Stammes liegenden Baummark radial ausgehen und die Jahresringe im rechten Winkel schneiden. Wird das Holz in Richtung des Stammes gespalten, ergeben sich Planken, die je nach Abstand vom Mittelpunkt verschieden breit sind. Bei diesem Verfahren bleiben die Fasern des Holzes unbeschädigt und folgen dem Verlauf der Planken. Dadurch erhalten sie eine optimale Festigkeit. Die Stämme wurden vorzugsweise im Winter gespalten; bei Kälte geht das besonders leicht. Beim Spalten kann man das Holz des Stammes fast restlos ausnutzen. Nachteilig ist, daß die Planken verschieden breit werden, auf jeden Fall lassen sich nicht so breite Planken herausarbeiten wie die der Kogge.

Dies und vielleicht auch die Möglichkeit schnellerer Bearbeitung mag der Grund dafür gewesen sein, daß die Planken der Koggen gesägt wurden. Dabei werden die Fasern auf Kosten einer optimalen Festigkeit getrennt.

Die Planken müssen, der Form des Rumpfes folgend, zum Teil in mehreren Ebenen gebogen werden. Das Biegen der Planken geschieht heute durch Dämpfen in einer sogenannten Dampfkiste, wie auch wir sie benutzten. Wie die Koggenbauer ihre Planken gebogen haben, wissen wir nicht; gegen ein Biegen über Feuer könnte die Tatsache sprechen, daß man auf den Planken keinerlei Brandspuren fand, sondern nur Sägespuren. Das könnte den Schluß nahelegen, daß auch sie so etwas wie eine Dampfkiste hatten; oder sie haben so vorsichtig gearbeitet, daß ein Feuer keine Spuren hinterließ. Auf Grund dieser Überlegung und weil niemand weiß, wie es wirklich war, hatten wir keine Bedenken, unsere Planken im Dampf zu biegen.

Abb 6. Eine Eiche mit den Augen eines Bootsbauers gesehen.

DIE NÄGEL

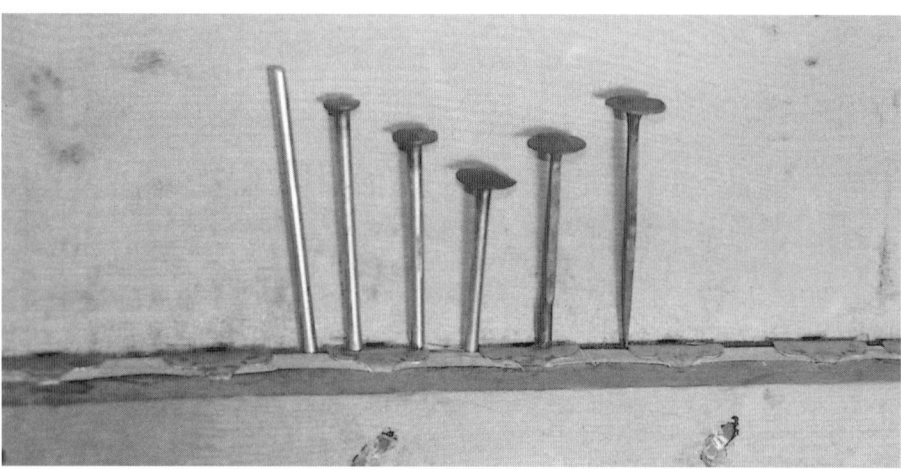

Ein besonderes Kapitel waren die Nägel, die die Planken untereinander und manches andere mehr verbinden. Die Nägel des Koggefundes sind rund 130 mm lang, rechteckig geformt und haben einen breiten Kopf (Abb. 7). Sie sind von außen durch die Lannungen der Klinkerbeplankung getrieben und auf der Innenseite ins Holz zurückgeschlagen. Das Material der Nägel des Fundes gibt es nicht mehr: bei der Aggressivität unseres Wassers und beim Liegen an eisernen Spundwänden würden die Nägel durch Elektrolyse noch vergänglicher sein als die alten und hätten wohl nur eine Lebensdauer von acht Jahren. Als Material für Nägel und Beschläge wählten wir schließlich V4A-Stahl. Doch war mit diesem Material eine maschinelle Herstellung nicht möglich. So blieb uns nur übrig, die Nägel - es sollten ungefähr 6000 werden, tatsächlich wurden es rund 10.000! - von Hand zu schmieden. Hier lassen wir den Schmied, Winfried Ruhnke, der alle allein schmiedete, zu Wort kommen:

Ausgangsmaterial ist Chromnikkelstahl V4A von 8 mm Durchmesser.
Arbeitsmittel: Schraubstock, Nageleisen, 1000-g-Hammer; Acetylen und Sauerstoff; Schmiedefeuer, handelsübliche Schmiedekohle; 2000-g-Hammer.
Arbeitsgänge: In Schraubstock und Nageleisen wird der Stahl so eingespannt, daß ca. 30 mm herausragen. Mit neutraler Acetylen-Sauerstoffflamme wird dieses Stück auf gelbe Wärme (ca. 1200°) gebracht und mit Hammerschlägen heruntergestaucht. In der zweiten und dritten Wärme wird bei gleicher Temperatur jeweils ein weiterer Zentimeter heruntergestaucht, so daß genügend Material für den breiten Kopf vorhanden ist. Der Schaft wird im Schmiedefeuer hellrot bis gelb (900° - 1200°) erwärmt und am Amboß vierkantig flach geschmiedet. Im letzten Arbeitsgang wird bei gleicher Temperatur das Ende des Schaftes flach-spitz geschmiedet. Nach jedem Arbeitsgang kühlt der Nagel normal unbeschleunigt an der Luft ab.

Abb. 7 (links): Die einzelnen Fertigungsstufen eines handgeschmiedten Koggennagels - 10.000 Stück wurden davon angefertigt.

Abb. 8 (unten): Der Schmied Winfried Ruhnke

WEITERE VORARBEITEN

Während der Zeitspanne bis zum eigentlichen Baubeginn in der Halle konnten nur "Füllarbeiten" erledigt werden. Das bedeutet freilich nicht, daß hier "Beschäftigungstherapie" betrieben wurde, vielmehr konnten wichtige Einzelteile schon vorweg gefertigt werden. Vielleicht war dieser Umstand noch nicht einmal nachteilig, konnten wir uns doch schon einarbeiten und versuchen, uns in die Gedanken- und Arbeitswelt unserer Kollegen aus dem Mittelalter zu versetzen. Während dieser Vorlaufperiode waren meist drei Gesellen an der Arbeit. Die Vorlaufarbeiten konnten in der Halle der Werft erledigt werden.

BRATSPILL, GANGSPILL, RUDER UND PINNE

Als erstes wurde der Dampfkasten für das Biegen der Planken gebaut: 7,5 m lang, Bootsbausperrholz, doppelwandig.

Dann wurde das Bratspill in Angriff genommen. Was ist ein Bratspill? Heute ist dieses einst ebenso wichtige wie gewichtige Gerät schon fast in Vergessenheit geraten. In seiner "Seemannssprache, wortgeschichtliches Handbuch deutscher Schifferausdrücke" (gemeint sind nicht deren Kraftworte) beschreibt Friedrich Kluge, Professor der deutschen Sprache und Literatur, es 1911 wie folgt: "Bratspill, älter Bratspieß: Horizontale Ankerwinde, querliegend. Achtekkige, starke, hölzerne Welle mit Löchern zum Einstecken von Handspaken, womit man sie umdreht." Noch bis in unsere Zeit war das Bratspill auf Segelschiffen zu finden - eine Heavy-Duty-Winde zum Ankerlichten, zum Bedienen von Verholleinen, auf der Kogge wahrscheinlich auch zum Holen des Falls für die schwere Rah mit ihrem Segel und für manch weiteren Zweck.

Abb. 9: Das fertige Bratspill an Deck, es ist 3,4 m breit und wird mit Handspaken durch reine Muskelkraft betrieben.

Die Walze des Spills wurde aus einem 4,0 m langen Kantholz mit einem Querschnitt von 600 mal 600 mm mit dem Dechsel erst 8eckig, dann 16eckig und schließlich rund geschlagen. So entstand eine Walze von 600 mm Durchmesser. An den beiden Stirnenden wurden 300 mm starke runde Zapfen ausgearbeitet, die in Bohrungen der Stützwände passen, welche eine Versteifung zwischen dem Oberdeck und dem darüberliegenden Hüttendeck bilden. Das Spill steht, wie auch auf vielen jüngeren Schiffen, im Hinterschiff; auf Segelschiffen der Neuzeit war es auf dem Vordeck aufgestellt. Die Mitte der Walze ist von rechteckigen Löchern von 90 mal 125 mm durchbrochen; vier davon in einer Ebene und vier im rechten Winkel

Abb. 10: Das Gangspill, die "Zentralwinsch" der Kogge.

dazu. Ihre Anordnung ist auf dem Bild zu sehen: ein Paar ganz rechts, die drei übrigen dicht beieinander auf der linken Seite. Dazwischen wird das zu holende Kabel aufgerollt. Die Spillspaken sind 1,3 m lang, im unteren Ende sind sie vierkantig, nach oben hin verjüngen sie sich und sind rund. Sie passen mit einiger Lose in die Löcher, so daß sie sicher und leicht herausgezogen und eingesteckt werden können.

Man fragt sich, wie die Koggenbauer diese Durchbrechungen so sauber und genau herstellen konnten; wahrscheinlich stachen sie sie mit langen Stecheisen aus. Die Präzision dieser schwierigen Arbeit ist bewundernswert.

Wir entschlossen uns, für diese Arbeit Bohrspindeln von entsprechendem Durchmesser zu benutzen, wie man sie zum Ausbohren von Stevenrohren benutzt. Diese Bohrungen wurden dicht an dicht gelegt. Die eingesteckten Spaken gehen frei vom Kastelldeck, wenn sie aber beim Drehen des Spills den dicht unter der Walze liegenden Oberdeck nahekommen, müssen sie herausgezogen und auf der oberen Seite wieder eingesteckt werden. Eine kräftige Planke, die von oben her gegen die gerade, aufrechtstehende Spake gesetzt werden kann, dient als Pall.

Während der Arbeit am Bratspill wurden in sechswöchiger Arbeit die Mallspanten fertiggestellt.

Als nächstes nahmen wir das Gangspill in Angriff. Es steht auf dem Kastelldeck und stellt so etwas wie die neuerdings für Yachten propagierte "Zentralwinsch" dar, das Mehrzweckspill für "alle Lebenslagen": für die Bedienung von Schoten und Brassen und andere Zwecke, für die die Kraft des großen Bratspills nicht erforderlich ist. Mit dem durch das Hüttendeck nach unten ragenden Führungszapfen ist das Spill 2,10 m hoch; sein Durchmesser an der Basis von 600 mm verjüngt sich nach oben auf etwa 200 mm. Es hat Löcher für 6 Spaken, von denen vier in einer Ebene im rechten Winkel zueinander liegen. Darüber zwei schräg eingelassene Löcher für ein weiteres Paar Spaken. Bei den unteren Spaken ist noch nicht klar, ob sie in einem Stück durchgesteckt werden. Dafür spräche die wirksamere Bedienung und bessere Kraftübertragung von durchgesteckten Spaken, wie sie auch in neuerer Zeit verwendet worden sind. Aber die Löcher des geborgenen Spills sind in einem kleinen Winkel zueinander geneigt. Man weiß nicht, ob die Kannellierung im oberen Teil des Spills nur Schmuck war; jedenfalls lief das zu holende Ende über den unteren glatten Teil des Spills.

Das Spill steht auf einer 120 mm starken Grundplatte, die auf dem Kastelldeck befestigt ist. Es fällt auf, daß das hintere Ende der Platte nicht wie das vordere auf dem Deck aufliegt, sondern einen flachen Winkel zu ihm bildet. Sollte es sich hier um so etwas wie ein "Cleat" zum Beklemmen des mit dem Spill geholten Tauwerks handeln?

Unsere Sorge war, daß das massive Holz der Spills rissig werden könnte. Wahrscheinlich haben die Koggenbauer das für die Spills bestimmte Holz gewässert; sie konnten es, weil sie ja so etwas wie einen "Serienbau" betrieben. Im Nachbau stand die Zeit dafür nicht zur Verfügung. Die Spills wurden mit Konservierungsöl getränkt, mit einigem Erfolg, wenn sich auch im Laufe der Zeit Risse bildeten, die jedoch die Funktion und die Haltbarkeit nicht beeinträchtigten.

Schließlich wurde das Ruder gebaut. Am Koggefund fehlte es, doch wurden am Achtersteven drei Ösen mit Beschlägen für die Fingerlinge des Ruders gefunden. Diese Beschläge sind beachtliche Stücke mittelalterlicher Schmiedearbeit.

Das Ruder mußte also neu entworfen, "nachempfunden", werden, wozu die Momente und die für die Steuerung des Rumpfes erforderliche Fläche zu berechnen war. Das

Abb. 11: Das Ruder ist eine Rekonstruktion, da beim Koggenfund bis auf die Ruderbeschläge am Achtersteven keine Originalteile davon gefunden wurden.

neue Ruder wurde aus drei Bohlen von 100 bis 120 mm Stärke zusammengesetzt. Die Bohlen wurden durch drei Stahlbolzen aus V4A-Stahl fest miteinander verbunden und an der hinteren Kante des Ruders mittels einer Schraubmutter festgezogen. Wie das beim Original gelöst wurde, wissen wir nicht, jedenfalls nicht auf diese Weise; man kannte noch keine Gewinde und Muttern dieser Größe. Die Enden der Bolzen wurden versenkt und mit Pfropfen verschlossen. Doch wie es beim Original auch gewesen sein mag, bei einem so lebenswichtigen Bauteil wie dem Ruder darf man sich keine Risiken erlauben und es darauf ankommen lassen.. Die Ruderbeschläge wurden wie die Bolzen und Nägel aus V4A geschmiedet. Die vordere Kante des Ruders ist zugespitzt, um das Ruder frei vom Achtersteven legen zu können; die Hinterkante ist gerade, das Profil rechteckig.

An dieser Stelle sei bemerkt, daß die Maßangaben des Nachbaues verständlicherweise im metrischen System gegeben sind, das unsere Vorfahren nicht kannten. Sie bezogen ihre Maßeinheiten auf den menschlichen Körper: Fuß, Elle, Spanne, Daumenbreite (möglicherweise Ursprung des Zolls, wenn man einen kräftigen Schiffbauerdaumen voraussetzt). Diese Maße wurden erst sehr viel später standardisiert., freilich noch lange mit Unterschieden zwischen den offiziellen Maßen der einzelnen Länder. Umso erstaunlicher ist es, wie genau die alten Schiffbauer ihre großen und in der Form komplizierten Bauwerke mit solchem uns heute primitiv anmutenden Messverfahren hinbekamen.

Für die Ruderpinne suchten wir im Wald ein passendes Krummholz. Das war nicht einfach zu finden, weil die Form der Pinne den engen räumlichen Gegebenheiten im Hinterschiff angepaßt sein muß. Auch die Pinne mußte *nachempfunden* werden, doch kann sie nur so ausgesehen haben, wie wir sie formten - anders hätte sie nicht gepaßt. Am vorderen Ende der Pinne bilden die beiden Schrägstützen des zweiten Kastellrahmens eine Begrenzung des Ruderausschlages auf ungefähr 45°. Vor dem Bau des Kastells setzten wir die Pinne auf den Ruderkopf. Als wir sie nach dem Bau des Kastells wiederaufsetzen wollten, reichte der Platz nicht, die lichte Höhe war vorgegeben. Was nun? Es blieb nur, das hintere Ende der Pinne zu öffnen, da sie mit einem vierkantigen Loch auf dem Ruderkopf sitzt. So entstand nun eine Gabel, die über den Ruderkopf geschoben werden konnte. Dort fixierten wir sie mit zwei Dübeln und zogen sie mit einem heiß aufgetriebenen Bandeisen zusammen.

Die Pinne hatten wir ein halbes Jahr im Ostseewasser gewässert, in der Hoffnung, damit eine Rißbildung zu vermeiden. Resultat: Bis heute hat es keinen nennenswerten Riß gegeben.

AUFRISS AUF DEM SCHNÜRBODEN

Im Juli 1987 dann der Umzug mit allen bereits gefertigten Teilen in die während des Sommers freie Winterlagerhalle der Werft, in der auch die Schnürbodenarbeiten erfolgen sollten. Dazu wurde eine Fläche von 7,5 mal 4,5 m für das Auftragen der Spanten in natürlichem Maßstab benötigt. Hierzu boten sich die Hallentore von je 4 mal 4 m der späteren Bauhalle der Kogge an. Zwei von ihnen zusammengelegt, ergaben einen ausgezeichneten Schnürboden von genügender Größe.

Auf dem wie üblich geteilt - links Vorschiff, rechts Hinterschiff - gezeichneten Spantenriß ist die Asymmetrie des Originalrumpfes deutlich zu erkennen. Die Auskurvungen der beiden Steven wurden nach den für die Kiellegung angefertigten Modellen in der Halle zusammengepaßt, was einfacher ist, als wenn der Steven schon aufrecht stände. Wahrscheinlich haben die Schiffbauer im Mittelalter es aus dem gleichen Grunde ebenso gemacht.

Zur Übertragung vom Spantenriß im Maßstab 1 : 10 auf den Maßstab 1:1 wurde auf dem Schnürboden eine Mittellinie und im rechten Winkel dazu eine Basislinie gezogen; parallel zu dieser dann vier Wasserlinien. Darauf wurden je 6 Senten gezogen, welche die Spantenschnitte in möglichst rechtem Winkel schneiden sollen. Damit stand das "Netz".

Der Spantenriß war beim Zusammenbau der Kogge in Bremerhaven gezeichnet worden. Hier sei daran erinnert, daß die alten Schiffbauer keine Zeichnungen kannten. Daher war es unbedenklich, die Risse für den Schnürboden, wie heute üblich, auf Außenkante Außenhaut zu zeichnen. Denn die danach anzufertigenden Mallen sollten nicht ausgeklinkt werden, weil es sehr kompliziert werden würde, ihre Form von vornherein genügend genau festzulegen. Man kommt einfacher zum gleichen Ergebnis, wenn die Außenkanten der Mallen mit der jeweils oberen Innenkante der Planken straken.

Nach dem Austraken der Spanten konnte die Aufmaßliste zusammengestellt und in natürlicher Größe auf den Schnürboden übertragen werden. Es war erstaunlich und sehr erfreulich, wie gut die Spanten strakten, nur ei-

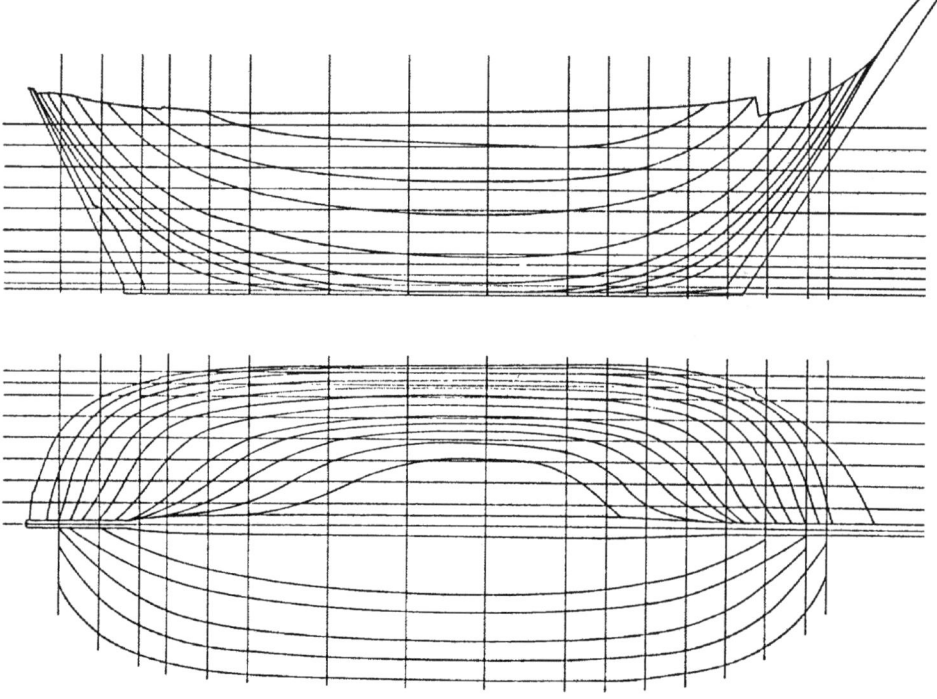

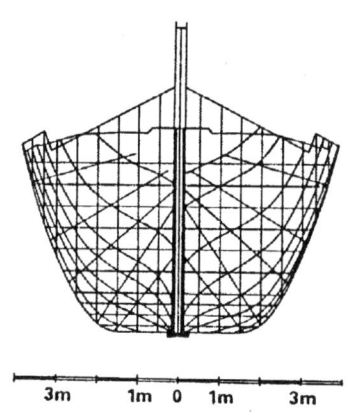

Abb. 12: Linienriss der Hansekogge

nige wenige Punkte lagen außerhalb des Straks, man "ließ sie fliegen" wie der Bootsbauer das nennt. Allmählich schälte sich die Form des Schiffes mit seinen sehr feinen Vor- und Hinterschiffslinien heraus.

Zunächst wurden nur die 9 Vorschiffsspanten aufgerissen, um erste Erfahrungen zu sammeln; die weiteren sollten später folgen.

Abb. 13: Die Kielbohle auf Kreuzpallen, ausgerichtet mit Schnur und Schlauchwaage

BAUBEGINN IN DER HALLE

Die richtige Kiellegung der Kogge erfolgte am 1. Februar 1988 - der Tag des eigentlichen Baubeginns - in der inzwischen fertiggestellten Bauhalle auf der Werft. Vorher war eine Reihe von Überlegungen anzustellen. Als erstes war die genaue Lage der Kielpallen festzulegen, um den Raum der Halle bestmöglich auszunutzen. Würde das Schiff überhaupt hineinpassen? Es würde knapp werden. Nach genauem Ausmessen der Halle, es kam dabei besonders auf die Länge und die Höhe an, zeigte sich, daß das Achterkastell sowie der 8 m lange Außensteven vorn nicht in der Halle, sondern erst draußen aufgebaut bzw. angesetzt werden konnten.

Nächstes Problem: die Höhe der Pallen. Hier war einerseits zu berücksichtigen, daß die Höhe der Halle wenigstens für den 6,6 m hohen vorderen Innensteven und für den Achtersteven (5,4 m) ausreichen, auf der anderen Seite aber genügend Raum unter dem Schiffsboden bleiben mußte, um die bis 9 m langen Bodenplanken von unten her an den Mallspanten zu befestigen. Außerdem war zu bedenken, daß der karweel geplankte Teil des Unterwasserschiffes von außen zu kalfatern war (hierüber mehr auf S. 28). Es kam auf jeden Zentimeter Pallhöhe an. Über die Länge des Kielbalkens wurden 7 Kreuzpallen verteilt, um eine Durchbiegung des fast 16 m langen Kiels auszuschließen. Die Oberkanten der Pallen wurden mit der Schlauchwaage auf eine einwandfreie Flucht in der Waagerechten ausgerichtet. Die Unebenheiten des Hallenbodens wurden durch unterschiedliche Höhen der einzelnen Pallen ausgeglichen. Die Pallhöhe lag um einen Meter.

Die drei Teile des Kiels - ihre Laschen waren bereits vorgearbeitet und angepaßt - wurden auf die Pallen aufgelegt und an jeder Lasche durch vier Edelstahlbolzen von 20 mm Stärke miteinander verbunden. Beim Original ist die Kielbohle mit den Bodenwrangen durch Dübel verbunden, die auch wir einsetzten. Aber zur Sicherheit setzten wir im Bereich der höchsten Beanspruchung noch vier Edelstahlbolzen. Zum Abdichten wurde zwischen die Flächen der Laschen eine Lage Teerfilz als Kalfatmasse gelegt. Ebenso machten es unsere Kollegen im Mittelalter; sie benutzten als Kalfatmasse allerdings ein Gemisch aus Tierhaaren, Moos und Teer. Mit der gleichen Masse dichteten sie auch alle Kalfatnähte. Tierhaare und Moos wären für uns schwer zu bekommen gewesen, und vielleicht war unser Teerfilz ebenso gut.

Das Aufstellen des Achterstevens bereitete keine besonderen Probleme. Das Stevenknie war bereits bei den vorbereitenden Arbeiten mit dem Kiel verbunden worden. An das Knie wurde nun von innen der achtere Innensteven gesetzt, ausgerichtet und mit zwei 20 mm-Edelstahlbolzen verbunden. Das entspricht nicht ganz dem Original, bei dem diese Verbindung durch Holzdübel hergestellt wurde. Aber hier waren wieder Sicherheitsgründe ausschlaggebend, und eine Veränderung der äußeren Form würde eine solche "interne" Abweichung nicht bringen. Verdübelungen würden bestimmt bald aufgehen, womit man sich früher mangels festerer Lösungen wohl oder übel abfinden mußte.

Der Vorsteven machte mehr Schwierigkeiten, da für dessen Stevenknie, wie erwähnt, zunächst kein gewachsenes Holz gefunden werden konnte. Es war daher aus zwei Teilen zusammengesetzt worden. Diese unbefriedigende Lösung konnte aufgegeben werden, nachdem es endlich gelungen war, in Winnemark an der Schlei etwa 700 mm starke Eichen mit passenden Gabelungen zu finden. Zum Glück blieben diese beim Fällen der Bäume unversehrt; allzu oft passiert es, daß der Baum auf den "Zwiesel" fällt und Krümmer und Gabel zerbrechen. Aber nun verzögerte sich die Anlieferung des Holzes, weil der Waldboden so aufgeweicht war, daß der Unimog beim Rücken des Holzes absackte, und für Pferdezug waren die Stämme zu schwer. Komplikationen dieser Art sind wohl bei einem solchen Projekt immer zu erwarten. Als das Holz schließlich angeliefert war, konnten wir an das Stevenknie herangehen.

Die Außensteven konnten erst nach dem Aufplanken angesetzt werden. - Beim vorderen wäre es auch in der Halle, wie erwähnt, gar nicht möglich gewesen. - Die Planken enden nämlich an der vorderen bzw. der hinteren Kante der Innensteven, mit Ausnahme der drei untersten Planken, die in einer Sponung an den Stevenknien enden. An den Innensteven gibt es oberhalb der dritten Planke keine Sponung. In diesem Bereich decken erst die Innenkanten der Außensteven die Hirnkanten der Planken ab. Diese Innenkanten sind abgeschrägt; sie bilden mithin ein Schloß, das bei etwaigem Losewerden der genagelten Verbindungen der Planken mit dem Steven ein Abklappen der Planken verhindert. Hier stehen wir vor der bemerkenswerten Lösung eines Problems mit einfachen Mitteln, das auch heute noch den Holzschiffbauer beschäftigt, eine Lösung übrigens, die beim Bau von modernen Sperrholzbooten wieder aufgenommen worden ist.

Abb. 14: Harry Rathke und Olaf Kühl - Verschnaufpause nach dem Ausschneiden des vorderen Stevenknies.

DAS AUFSTELLEN DER MALLSPANTEN

Für den Bau der Mallen waren einige Überlegungen anzustellen. Vor allem über die Kräfte, die beim Ansetzen und besonders beim Biegen der 45 mm starken Eichenplanken auftreten würden, sowie über die Gestalt dieser Mallen - alles Neuland, denn hier können die Kenntnisse und Erfahrungen bei heutigen Fertigungen doch nur allgemeine Hinweise geben. Wie sollten die Mallen aufgebaut und wie sollten sie verstrebt sein? Wir kamen zu folgendem Ergebnis: 65 mm starkes Fichtenholz für Rahmen und Verstrebungen, das mit 15 mm starkem Sperrholz gelascht und verleimt werden sollte. Als Verstrebung eine senkrechte Mittelstrebe und vier waagerechte Querholme in vier Wasserlinien, über Verstärkungsstücke mit der Mittelstrebe und dem Rahmen der Mallen verbunden. Über diese Querholme konnten dann während des Baues Laufplanken gelegt werden.

Gleichzeitig mit den Arbeiten an den Steven wurden die Mallspanten aufgestellt; als erstes jenes mit der größten Spantfläche, welches etwa dem ja nur in der Theorie existierenden "Hauptspant" entspricht. Es wurde mit Lot und Schlauchwaage rechtwinklig zur Kielbohle senkrecht aufgerichtet, der Abstand zu den Steven durch Kontrollmessungen überprüft und dann fixiert. Die übrigen 20 Mallspanten wurden mit Hilfe von Distanzlatten auf ihre Positionen auf dem Kiel gebracht und in gleicher Weise wie das "Hauptspant" aufgestellt.

Die Mallspanten wurden durch Schwertlatten mit dem "Esel" verbunden. Der Esel ist ein Balken, der in der Längsrichtung des Schiffes mittig über dem Kiel unter dem Hallendach angebracht ist. Mit dem Kiel wurden die Mallspanten durch Knaggen verbunden. Auf die Querholme wurden Sentlatten genagelt. Das Aufplanken konnte beginnen.

Schon beim Aufreißen der Mallspanten auf dem Schnürboden wurden die Plankenbreiten der originalen Kogge an den Mallen markiert. Dadurch wurde es möglich, den Plankenstrak unseres Neubaues dem des Originals anzugleichen; ohne diese vorbereitende Maßnahme hätten wir mit Sicherheit eine abweichende Verteilung der Planken herausbekommen, abgesehen davon, daß dadurch die spätere Arbeit erheblich erleichtert wurde. Bei dieser Arbeit bemerkten wir wieder, wie genau die uns vom DSM gegebenen Zeichnungen waren.

Abb. 15 (oben): Das erste Mallspant (Hauptspant).

Abb. 16 (unten links): Das fertige Stevenknie ist mit der Kielbohle verlascht, die äußere Ecke wird später den Außensteven aufnehmen.

Abb. 17 (unten rechts): Alle Mallen sind aufgestellt und ausgerichtet.

DAS AUFPLANKEN

Schon vor Baubeginn war mit der Bauaufsicht abgesprochen worden, daß die Breite der Planken des Nachbaues jenen des Originals gleich sein und ihre Länge ihnen so weit wie möglich entsprechen sollte. Dies war nicht selbstverständlich, denn es gab die Auffassung, daß, im Hinblick auf das Risiko eines Einreißens der maximal 650 mm breiten und 45 mm starken Planken, besser Plankengänge geringerer Breite eingebaut werden sollten. Heute würde man bei einem Holzschiffbau auch mehr und schmalere Planken verwenden. Doch hatte in dieser Frage der ganz exakte Nachbau Vorrang - und was die mittelalterlichen Schiffbauer fertiggebracht hatten, sollten wir uns doch wohl auch zutrauen.

Unser Holzhändler konnte fünf Eichenstämme von 900 mm Durchmesser mit einem leichten Strak (Bucht) beschaffen. Zur Zeit der Verarbeitung waren die Planken ungefähr ein Jahr lang abgelagert und hatten einen Feuchtigkeitsgehalt von 20 bis 25 %. (Entgegen der Meinung, möglichst trockenes Holz sei für den Bau am besten, darf Eichenholz nicht zu trocken sein, weil es sich durch die unvermeidliche Feuchtigkeitsaufnahme um bis zu 10 % ausdehnen und ein festes Bauwerk wie einen Schiffskörper einfach sprengen könnte.)

Nun ging es an das Dämpfen der im Gatter gesägten Planken. Die gasbeheizte Dampfkiste war betriebsbereit und die erste Planke achtern abgemallt: 6 m lang, 480 mm breit und wie alle Planken 45 mm stark. Beim Abmallen war der Knick im Bereich des Stevenknies berücksichtigt worden; die Planke war über eine Länge von etwa 4 m um 90° zu verdrehen.

Die alte Faustregel der Bootsbauer sagt über die Dauer des Dämpfens von Eichenholz: "Für jeden Zoll eine Stunde". Zwei Stunden, so meinten wir, würden reichen. - Nach einer dreiviertel Stunde war die Temperatur in der Kiste auf 98° C geklettert. Die Planke wurde eingeschoben. Während des Dämpfens trafen wir die Vorbereitungen für das Anbringen: Zwingen, Stahlwinden, Knaggen und Keile wurden zurechtgelegt.

Nach zwei Stunden zischte der Dampf aus der Kiste, die Halle war mit Nebel gefüllt, die Planke wurde herausgezogen; sie konnte natürlich nur mit Schutzhandschuhen angefaßt werden. Sie wurde in der Sponung des achteren Stevenknies vertikal mit Schraubzwingen festgesetzt, mit Winden zur Kielseite bis an die Mallen hochgedreht und mit "Knechten" (große Schraubzwingen) an den Kiel gezogen. Bei der Drehung entstand ein tiefer, langer Riß; dann

Abb. 18. Die ersten drei Plankengänge liegen am Achterschiff in einer Sponung, die darüberliegenden Gänge schließen dagegen bündig mit dem Innensteven ab und werden später vom Außensteven abgedeckt. Gut erkennbar ist die enorme Verdrehung der unteren Plankengänge.

DAS AUFPLANKEN

Abb. 19: Erstes Lehrgeld: Die ersten drei Planken sind beim Einbiegen gerissen und konnten nicht verwendet werden.

knallte die Planke auseinander - erstes Lehrgeld.

Beim zweiten Versuch blieb die Planke 2 1/2 Stunden im Dampf; für das Festlegen am Stevenknie wurde dieses Mal ein "Knecht" genommen, der achtern hochkant zusammen mit der Planke an den Kiel gesetzt wurde. Das ging schon wesentlich besser, es entstand nur ein kleiner Riß. Das Holz war durch das längere Dämpfen sehr weich geworden; es ließ sich gut biegen und ohne allzugroße Mühe an den Kiel legen. Das klingt freilich leichter als es war. Schnell mußte es gehen, und mit Fortschreiten des Aufplankens waren die Planken immer höher zu heben. Dazu mußten Stellagen gebaut werden, 5 m hoch für die obersten Planken. Die Länge der Planken liegt zwischen ca. 3 und 9,20 m; diese längsten Planken wiegen rund 250 kg - neun Mann mußten anfassen. In kurzen 10 Minuten mußten die Planken an die formgebenden Teile - Mallen und Steven - angesetzt und mittels "Knechten" und Zwingen angedrückt werden. Würde es länger dauern, würden die Planken zu weit abkühlen und sich nicht mehr optimal formen lassen.

Die Lasche für die nächste Planke wurde angehobelt - hier war noch alles karweel, und somit gab es keine Probleme. Die Zeichnung verdeutlicht die Verlaschung der Planken im karweelen Bereich. Wie zu erkennen, ist der Überstand der Laschen unten stärker als oben. Bei dem Vernageln wurde vom unteren Ende der Lasche von unten nach oben durchgenagelt und die Nagelspitze von oben ins Holz zurückgeschlagen. Dadurch wurde ein starker Druck von unten her erzeugt. Entsprechend wurde vom oberen Ende der Laschung von oben nach unten durchgenagelt und zurückgeschlagen. Nach dem Anpassen wurde die Planke mit 6 Nägeln an die Sponung des Stevenknies genagelt und mit den im mittleren Karweelbereich schon eingebauten fünf Bodenwrangen mittels konischer Eichenholzdübel (300 mm lang, von 32 auf 24 mm verjüngt) verbunden. Zum Bohren der konischen Löcher wurde zunächst ein Stiftlochbohrer verwendet, der infolge der automatischen Spandickenbegrenzung auch funktionierte, solange die Spitze nicht durch das Holz stieß. Sobald sie aber durch war, wurden die Nebenschneiden des Bohrers zu Hauptschneiden, der Bohrer begann zu fressen - die Maschine konnte auch von zwei Mann mit aufgestecktem Rohr nicht gehalten werden. Wir hatten diesen Bohrer aus Bremerhaven bekommen, wo diese Löcher mit der Hand gebohrt worden waren. Was bei dem 600 Jahre alten Holz nicht weiter schwierig war, sah bei uns natürlich anders aus.

Neuer Versuch: Vorbohren mit 24 mm-Bohrer und "Aufreiben" mit einer maschinell angetriebenen Reibahle von unten nach oben. Die Dübel wurden auf die ungefähre Länge - mit etwas Überstand - geschnitten, am inneren Ende eingesägt, der Dübel eingeschlagen und von innen her verkeilt. Beim Verkeilen ist zu beachten, daß der Keil quer zum Faserverlauf der Wrange bzw. des Spants sitzt; so wird ein Spalten des Holzes vermieden.

Das Dämpfen und Verdrehen der vorderen Planke ging ebenfalls ohne Schwierigkeiten vonstatten; auch hier brachten 2 1/2 Stunden

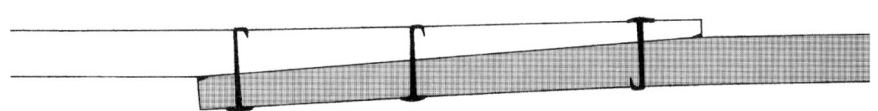

Abb. 20. Vernagelung einer Plankenlasche

Abb. 21. Innerhalb von 10 Minuten mußten die gedämpften Planken an die Mallen angepaßt werden, hier am Achtersteven.

im Dampf ein sehr gutes Ergebnis. Die folgenden Planken im karweelen Bereich waren schnell ausgeschnitten, angepaßt und mit den Mallen verdübelt bzw. verschraubt. Es wurde gleichzeitig auf beiden Seiten geplankt, und zwar von achtern beginnend, denn die jeweils weiter vorn liegende Planke überlappt die dahinterliegende in Fahrtrichtung. Beim Anpassen der untersten Planke machten wir eine überraschende Erfahrung: Bei dem Übergang von der Kielbohle zum Stevenknie steigt die Flucht in einem spitzen Winkel an. Entsprechend wurde die Planke an ihrem vorderen Ende zugeschnitten. Als sie jedoch gedämpft war und angepaßt werden sollte, zeigte sich, daß sie infolge der Verdrehung um eben diesen Winkel angestiegen war, so daß ein nicht ausgefüllter "Zwickel" entstand. Eine neue Planke mußte her, die nicht angeschnitten wurde, und nun paßte sie genau in die Sponung. Moral: Man soll nicht schlauer sein wollen als die Kollegen vor 600 Jahren!

Der zweite Gang achtern war noch karweel, also ohne besondere Schwierigkeiten anzupassen. Anders freilich dessen am weitesten vorn liegende Planke, denn von der mittleren zur vordersten Planke wechselte die Beplankung von karweel zu klinker. Achtern findet dieser Wechsel im dritten Gang statt. Der Grund für diese Komplizierung kann in Folgendem gelegen haben: Die Koggenbauer des Mittelalters plankten nach ihrer auf Tradition und Erfahrung beruhenden Vorstellung von der Form des Schiffes. Mit dieser "Ecke" nun ließ sich die Rumpfform beeinflussen: legte man nämlich diese Stelle näher an den Steven heran, wurde die Vorschiffsform voller, legte man sie weiter zurück, wurde sie schärfer. Dies jedenfalls ist die einzige Erklärung dafür, daß man damals eine doch einigermaßen aufwendige anstelle einer einfacheren Lösung gewählt hatte. In gleicher Weise wechseln die Beplankungsarten in den folgenden drei Gängen; die darüberliegenden Planken sind vom vierten Gang an sämtlich geklinkert.

Wie beim modernen Bootsbau laufen die geklinkerten Planken an den Steven karweel zusammen. Dazu wird die jeweils untere Planke im Bereich der Lannung so weit ausgeschärft, daß sie bereits zu Nichts verläuft, bevor sie den Steven erreicht. So kann die folgende Planke in voller Stärke auf den Steven stoßen.

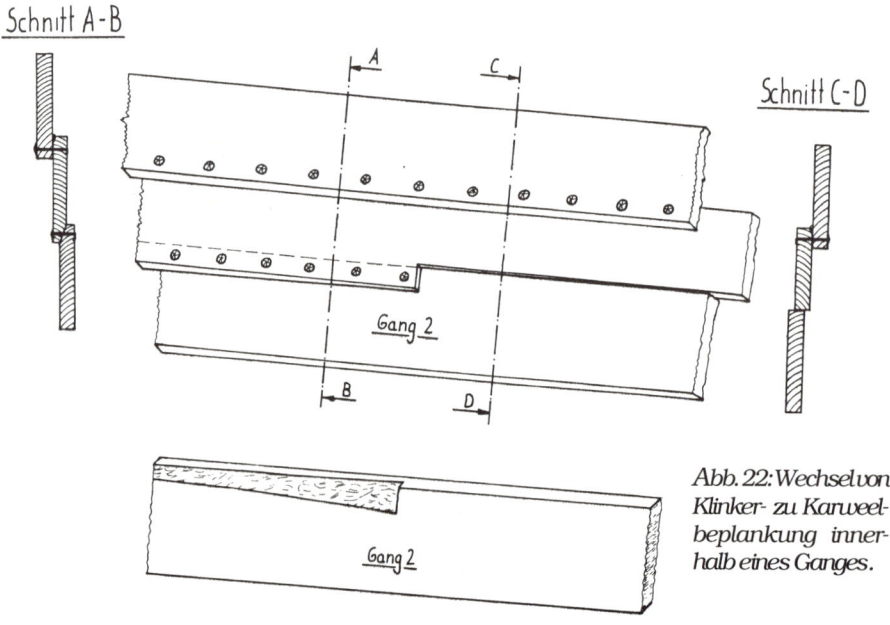

Abb. 22: Wechsel von Klinker- zu Karweelbeplankung innerhalb eines Ganges.

DAS AUFPLANKEN

Wie im karweelen Bereich sind auch die Laschen der geklinkerten Planken an ihren Enden 18 bzw. 13 mm dick. Sie werden im Lannungsbereich, auf der untersten Innenseite, auf etwa 12 mm hohlkehlförmig zu Nichts verlaufend ausgeschärft, um sich am Laschenende strakend über die unter ihr befindliche Planke zu legen. Die auf der Zeichnung zu erkennenden "Gnubbel" bei den Steveneinläufen und an den Plankenlaschen würde man beim modernen Yachtbau über die ganze Länge einfalzen - so beim Folkeboot - aber ein Falz machte den Koggenbauern offenbar Schwierigkeiten. Zudem haben wir die Erfahrung gemacht, daß diese "verbreiterten Lannungsfasen" sich ausgezeichnet mit dem Dechsel einarbeiten lassen. Auch am Kiel findet sich keine Fase oder Sponung, wie man sie heute einarbeiten würde. Für den modernen Bootsbauer ist das kaum verständlich, würde doch dadurch eine gute Abdichtung zwischen dem Kiel und den ersten anschließenden Planken sichergestellt. Doch war das Vorbild zu beachten und nur durch sauberes Anpassen das gewünschte Ergebnis zu erreichen. Hingegen tragen die Stevenknie ebenso wie die beiden Innensteven für die drei untersten geklinkerten Planken eine Sponung; die darüberliegenden liegen dann bündig an den Außenkanten der Innensteven und werden durch die Außensteven abgedeckt.

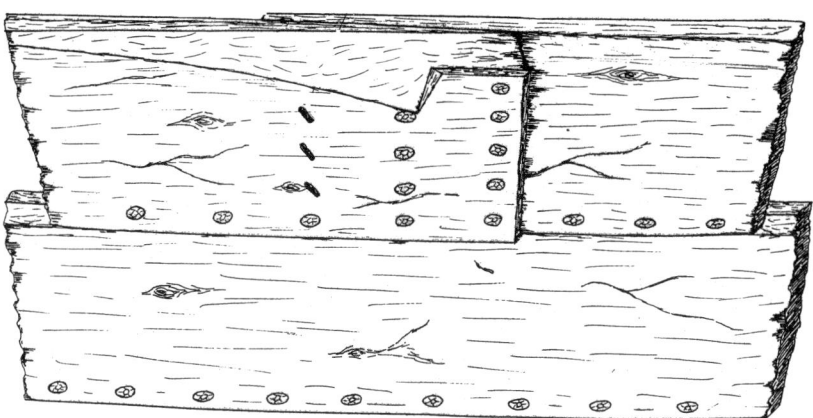

Abb. 23: Plankenlasche eines geklinkerten Ganges.

Abb. 24. Uli Kimm bearbeitet eine angeformte, ausgekühlte Planke.

Wie bereits geschildert, waren die Plankenbreiten für das Abmallen der Planken nach dem Spantenriß vom Deutschen Schiffahrtsmuseum auf den Mallspanten markiert worden. Beim Ausstraken der Punkte mit einer 11 m langen Straklatte konnten wir feststellen, daß die Planken einen ausgesprochen gleichmäßigen Straak ergaben, nur wenige Punkte mußten wir "fliegen lassen" - die Unterlagen von Werner Lahn waren wirklich hervorragend.

Der vierte Gang, bei dem die Beplankungsart an der bereits erwähnten formgebenden "Ecke" vorn von karweel zu Klinker wechselt, ist der letzte der vier Bodengänge. Alle darüberliegenden Planken sind ganz geklinkert. Der fünfte Gang ist mit 650 mm außergewöhnlich breit. Die Lannungen der geklinkerten Planken sind durchgehend 70 mm breit. Heute gilt für Lannungen etwa die doppelte Plankenbreite. Dementsprechend müßten die Lannungen bei der Kogge 90 mm breit sein. Hierbei ist jedoch zu berücksichtigen, daß die Planken im modernen Yachtbau viel feiner sind und die größere Überlappung für die Festigkeit notwendig ist. Bei unseren Plankenstärken dürfte aber das kleinere Maß ausreichen; außerdem ist das historische Vorbild eindeutig. An den beiden Steven verjüngen sich die Plankenstärken je nach der Biegung, mit der sie auf den Steven einlaufen, auf 25 bis 35 mm, um die Breiten der Außensteven - vorn 220, achtern 180 mm - einzuhalten. Unsere Vorgänger hatten sich dabei einmal vertan und zum Ausgleich eine "Nase" an den Außensteven angesetzt.

Bis zum achten Gang bot das Aufplanken keine Probleme, die Arbeit konnte zügig vorangebracht werden. Beim Original war der Nagelabstand eine "Handspanne", das sind mehr oder weniger 180 mm; wir nahmen einen Abstand von genau 180 mm. Der Abstand der Nägel von der Unterkante der Planke betrug 30 mm, die mit Streichmaß eingeritzt wurden. Für die rechteckigen Nägel wurden ovale Bohrlöcher gesetzt. Die Nägel wurden mit der langen Kante ihres Rechtecks diagonal zur Faser eingeschlagen, wobei von der Innenseite her mit einem großen Hammer vorgehalten wurde, um ein Federn der Planke beim Schlagen zu verhindern. Die durch das Holz gedrungenen Nagelspitzen wurden über ein Rundeisen umgelegt und in das Holz zurückgeschlagen. Es ist sehr wichtig, die Nägel diagonal zu setzen, weil so beim Zurückschlagen nicht das gleiche Faserpaar durchtrennt wird.

DAS KALFATERN

Es wurde schon erwähnt, daß die Kalfatmasse des Mittelalters ein Gemisch aus Kuhhaaren, Moos und Teer war. Bei dem Nachbau entschieden wir uns für Werg, geteerte Hanffasern. Die geklinkerten Planken der Koggen waren von innen her kalfatert, die karweelen von außen. Die Innenkalfaterung ist nicht allein durch den Bremer Koggefund belegt, auch andere Funde aus der gleichen Zeit, wie die von Veijby und Kollerup in Dänemark und jene des Ijsselmeeres in Holland, weisen diese Eigentümlichkeit auf. Heutzutage kalfatert man geklinkerte Fahrzeuge nach Möglichkeit nicht, weil gut angepaßte Planken, die fest miteinander verbunden sind, mit ihrer im Verhältnis zur Plankenbreite ziemlich breiten Lannung eine hinreichende Dichtigkeit bringen. Wenn man sie jedoch trotzdem kalfatern muß, legt man die Kalfaterung nach außen, dann treibt der Druck des Wassers die Kalfatmasse nach innen und verhindert ihr Austreten.

Warum die Koggen von innen kalfatert wurden, wissen wir nicht genau. Man könnte vermuten, daß die Koggenbauer es einfacher fanden und daß es ihnen sicherer erschien, von innen zu kalfatern, als die Kalfatmasse von außen zwischen die starken Planken zu treiben. Denn das Kalfatgut konnte nun in die sauber eingearbeitete Kalfatfase eingebracht werden. Außerdem konnte man so während der Fahrt die Kalfatnähte unter einer gewissen Aufsicht behalten.

Die Innenkalfaterung ist, wie schon erwähnt, ein eindeutiger Beweis dafür, daß die Koggen in "Schalenbauweise" erbaut wurden, denn die Kalfatnähte laufen unter den Spanten durch, müssen also gelegt worden sein, bevor die Spanten eingebracht wurden. Damit der Wasserdruck das Kalfatgut nicht nach innen trieb, wurde es durch lange rhombenförmige Leisten abgedeckt, die durch eiserne Kalfatklammern festgehalten wurden. Für eine Kogge von der Größe der unseren wurden fast 10.000 Klammern benötigt.

Das mittelalterliche Kalfatgut konnte nicht, wie das Werg, mit Kalfateisen festgeschlagen werden. Vermutlich benutzte man dazu Hirnholzkeile aus Eichenholz, wie sie bei der Bremer Kogge gefunden wurden. Die Abdeckleisten, etwa 2 m lang, 15 mm breit und 7 bis 9 mm dick, spalteten die Koggenbauer wahrscheinlich mit einem Zugmesser aus dünnen Eichenstämmen radial entlang der Markstrahlen. Wir schnitten sie mit der Kreissäge zu. - Anfangs benutzten auch wir den hölzernen Kalfatkeil, stiegen aber bald auf das "modernere" Kalfateisen um.

DAS AUFPLANKEN

Abb. 25. Christian Mohr beim Einschlagen des Kalfatgutes (Werg).

Das Kalfatern ging folgendermaßen vor sich: In die obere Außenkante der Planken wurde eine Kalfatfase von ungefähr 14 mm Breite und 20 mm Tiefe eingearbeitet, wie im Original gefunden. In diese Fase wurden drei bis vier Wergstränge eingelegt und festgeschlagen. Später machten wir die Fase etwas schmaler und spitzer, weil unser Kalfatgut sich so besser festlegen ließ, während das mittelalterliche Gut eine geräumigere Fase benötigte. Wenn die Nut mit dem Werg bündig kalfatert war, wurden die Leisten aufgelegt und verklammert. Wir hatten das Glück, daß das Berufsfortbildungswerk uns eine Stanze für die Klammern schnell und einfach - aus dem gleichen Material wie die Nägel - anfertigen konnte. Man fragt sich, wie viele Schmiede wohl im Mittelalter daran arbeiteten und wie lange sie dazu brauchten.

Wir hatten die Klammern für das Einschlagen "rundrechteckig" gebogen und über ein eigens dazu angefertigtes Setzeisen mit einer "Daumenbreite" -20 mm- Zwischenraum über die Leisten in die Planken geschlagen. Zwei eingearbeitete Handwerker schafften an einem Tage einen ganzen Plankengang.

Aus den Bildern ist ersichtlich, daß die Oberkanten der Planken nach unten abgeschrägt und nicht rechtwinklig abgeschnitten waren. Der Sinn dieser Eigenheit wurde uns beim Einlegen der Kalfatklammern klar: einmal war so das Einschlagen der Klammern leichter, und - im Betrieb des Schiffes wichtig - es konnte kein von oben herabgeflossenes Wasser auf den Plankenoberkanten stehenbleiben.

Das Kalfatern von außen-unten war ein Kapitel für sich. Zwar ging es grundsätzlich in gleicher Weise vor sich wie das Kalfatern von innen: Einbringen der Kalfatmasse, Abdeckleisten, Klammern. Aber nun mußte über Kopf und kauernd in beengtem Raum gearbeitet werden. Ich hatte schon beim Aufstellen der Pallhölzer darauf hingewiesen, daß der Raum in der Halle auch nach oben hin knapp war. Und dunkel war es da unten auch. Wir hatten wenigstens unsere Kabellampen und dachten an unsere Kollegen des

Abb. 26: Ein fertig-kalfaterter Plankengang (von oben gesehen) mit Kalfatleiste und Senteln (Kalfatklammern).

Mittelalters, die sich so etwas sicher gewünscht hätten!

Diese Arbeit hatte Meister Hugo Laatzen von der Rathje-Werft mit seinen Lehrlingen übernommen. An dieser Stelle möchte ich mich für die Zusammenarbeit, für die Hilfe und das Interesse am Bau bei der Werft bedanken, und das gilt besonders für Meister Hugo Laatzen.

Als ich mit dem Kalfathammer die Nähte prüfte, gab mir der Klang des Hammers ein sehr gutes Gefühl dafür, daß das Werg sich gut stauchen und richtig hatte festschlagen lassen. Die Karweelnähte wurden, ebenso wie die Kielnaht und die Sponungen im unteren Bereich der Steven, mit Kalfatleisten und - klammern von außen abgedeckt, was den mittelalterlichen Eindruck unseres Baues noch verstärkte. Die übrigen Nähte im Bodenbereich waren 3 - 4 mm breit, also problemlos zu kalfatern.

BODENWRANGEN UND SPANTEN

Bodenwrangen und Spanten sind von jeher die wichtigsten Querverbände eines Schiffes. Wie schon erwähnt, wurden diese Bauteile bei der Kogge in die fertige Rumpfschale eingesetzt, während die Schiffe späterer Zeiten bis heute auf Spanten gebaut werden. (Nur beim Bootsbau werden bei einer Reihe von Booten, besonders ge-

Abb. 27: Eine gewachsene Astgabel wird als Bodenwrange für den scharfen Stevenbereich von Uwe Baykowski mit dem Dechsel ausgearbeitet.

Abb. 29: Die Befestigung der Bodenwrangen und Beplankung erfolgte mit Holzdübeln.

BODENWRANGEN UND SPANTEN

klinkerten, die Querverbände in die Rumpfschale eingebracht.) Bis zum Koggefund übrigens war die Meinung der Wissenschaft über den Bauvorgang geteilt; es gab keine eindeutigen Hinweise darauf, welche Bauweise damals üblich war. Der Fund brachte Klarheit aufgrund der einfachen Tatsache, daß die durchlaufende Innenkalfaterung der geklinkerten Planken nur gelegt werden konnte, bevor die Spanten standen.

EINBAU DER BODENWRANGEN

Die Bodenwrangen wurden eingesetzt, als die fünf untersten Plankengänge an den Mallen angebracht waren, mit Ausnahme der fünf Wrangen im mittleren Bereich, wo der Schiffboden ganz platt ist. Sie wurden schon fest mit den untersten vier Planken an jeder Seite, die in ganzer Länge

Abb. 30: Beim Bau auf Mallen erfolgt das spätere Einsetzen der Spanten nach dem Aufplanken, Volker Rohde paßt das 2,5 m lange Spant genau ein.

Abb. 28: Bodenwrangen mit dem vorbereiteten Kielschwein. Auf dessen Unterseite (liegt falsch herum) erkennt man die Aussparungen für die Bodenwrangen.

Abb. 31: Ein sogenanntes Schmiegebrett, auf dem die an den Fichten-Modellspanten abgenommenen Schmiegen aufgerissen sind. Sie werden später auf die einzelnen Spanten übertragen.

karweel liegen, verbunden. Damit war ein stabiler Anfang für das Anbringen der weiteren Planken geschaffen.

In der Bremer Kogge hatte es 28 Bodenwrangen gegeben, die in Abständen von 250 bis 300 mm, das entspricht etwa einem mittelalterlichen Fuß, angeordnet waren. Ihre Querschnitte lagen bei 250 mal 130 mm; geringe Abweichungen von diesen Maßen waren damals wie heute durch das verfügbare Holz bestimmt. Somit überdeckt der Bereich der Bodenwrangen etwa 15 m, fast die ganze Länge des Kiels und rund 55 % der gesamten Schiffslänge (Lüa).

Die Form der einzelnen Wrangen wurde auf Modelle aus 10 mm starkem Fichtenholz übertragen. Nach ihnen wurden die passenden Stämme bzw. Astgabeln auf dem Holzplatz ausgesucht. Im Bereich des Mittelschiffs sind die Wrangen gerade, die Kogge hat ja einen fast platten Boden. Zu den Schiffsenden hin nehmen die Wrangen mit wachsender Aufkimmung eine stärker werdende Krümmung an, bis die jeweils letzten in den Stevenbereichen eine fast dreieckige Form haben. Diese "Endwrangen" sind gewaltige Klötze, etwa 250 mm stark, 1 m hoch und 1,2 m breit mit Astgabeln für die Auflanger. Zum Glück gelang es, die Krummhölzer für sämtliche Bodenwrangen zu finden; auf der Suche im Wald hatten wir die Modelle dafür bei uns. Sie wurden im Sägewerk je nach Durchmesser der Äste und Stämme auf etwa 250

mm gesäumt; auch im Original sind sie nicht gleich stark und liegen zwischen 180 und 250 mm. Die geraden Wrangen im Bereich des Mittelschiffs enden in einer gewachsenen Krümmung, die einen schräg verlaufenden Auflanger, der schon mit der richtigen Schmiege versehen sein muß, für den ersten geklinkerten Kielgang bildet. Da ein Ast bzw. Stamm normalerweise nur eine Krümmung hat, ist dieser gewachsene Auflanger immer nur einseitig vorhanden; auf der anderen Schiffsseite wird das Spant bis an den Schiffsboden hinuntergeführt. Zur gleichmäßigen Festigkeitsverteilung sind die gewachsenen Auflanger möglichst wechselseitig angeordnet, abwechselnd an Steuerbord- und an Backbordseite.

Die am höchsten belasteten Wrangen über der Mitte des Schiffsbodens im Bereich des Mastes wurden durch 20 mm starke Edelstahlbolzen mit den Bodenplanken verbunden (im Original verdübelt), die übrigen 23 mittels Holzdübel. Wir benutzten auch hier konische Dübel, die sich von 32 auf 25 mm verjüngen. Sie wurden im Museumsdorf Molfsee gedrechselt. Im Mittelalter benutzte man vieleckige Dübel mit gleichbleibendem Durchmesser. Diese Abweichung vom Original erfolgte im Interesse einfacherer Anfertigung und besserer Haltbarkeit. Wie im Mittelalter wurden die Dübel auf der Innenseite geschlitzt und mit einem Keil auseinandergetrieben. In gleicher Weise wurde bei der Verbindung der Spanten mit den Planken verfahren. Erstaunlich und überraschend, wie gut solche Dübelverbindungen halten.

Einbau der Spanten

Nach dem Aufplanken des achten Gangs konnte der Einbau der Spanten beginnen, so war es auch beim Original gemacht worden. Doch wurde entschieden, die Spanten anders als beim Original mit Ausnahme der Kantspanten lotrecht ins Schiff zu stellen. In der Bremer Kogge stehen die Spanten "kreuz und quer", wie sie gewachsen waren, auch mit seitlichen Krümmungen, doch zogen wir aus Gründen des Aussehens die gleichmäßige Aufstellung vor und

vermuten, daß die Schiffbauer es damals gerne ebenso gemacht hätten, wenn sie die gleichen Möglichkeiten wie wir heute gehabt hätten. Zur Ausformung der Spanten wurden Schablonen aus 10 mm Fichtenholz verwendet. Ob beim Original auch so gearbeitet wurde, wissen wir nicht. Mit dem Schmiegestock wurden die Spantschmiegen der einzelnen Gänge abgenommen, auf ein Schmiegebrett übertragen und numeriert. Auf dem Holzplatz wurden mit den Schablonen die passenden Krümmer, die größtenteils in 250 mm-Bänke geschnitten waren, ausgesucht und angerissen.

Die Spanten setzen in der Art von Auflangern die Bodenwrangen fort, die, wie erwähnt, mit ihren Krümmungen wechselseitig verlegt worden waren. Für die Spanten mußten fast kreisbogenförmige Hölzer gefunden werden, damit die Maserung nicht "über den Draht" verlief; das Spant würde sonst unter Belastung an dieser Stelle unweigerlich brechen. Wie beim Original wurden die Spantlaschen 270 mm lang geschnitten. Nicht ganz wohl war uns bei dem Gedanken, daß sämtliche Spanten am achten Gang enden würden, denn dort gibt es Knickstellen, wo eine Spantlasche nicht verschließt. Aber dem Original war auf jeden Fall zu folgen. Warum gerade beim 8. Gang? Ganz klar! Weil jetzt die vier Querbalken aufgesetzt wurden.

Das Zupassen der einzelnen Spanten war eine recht komplizierte Angelegenheit. - "Jedes Spant ist ein neues Abenteuer", meinte ein Mitarbeiter. Die Innenschmiege der Spanten konnte mit einer Spezialkettensäge geschnitten werden; die Außenschmiege an der Plankenseite wurde grob vorgeschnitten und nachgedechselt. Das so vorgearbeitete Spant wurde von vier Mann mit Taljen ins Schiff gebracht. Die meisten mußten an dieser oder jener Stelle noch etwas nachgearbeitet werden: Das Spant wurde ausgerichtet und mit dem Schreibpasser rundherum angerissen. (Dabei mußten wir gut aufpassen, daß der Schreibpasser immer waagerecht gehalten wurde.- Mancher Lehrjunge war dabei schon der Verzweiflung nahe.) Dieses Einpassen der 250 mm breiten und über fünf bis sechs Plankengänge reichenden Spanten war Fleißarbeit; Geduld, Konzentration und Stehvermögen waren gefordert. Besonders erfreulich, wenn ein Spant auf eine Plankenlasche traf, dann muß die auch noch ausgeklinkt werden!

Nach dem zweiten Einsetzen saßen die meisten Spanten schon ganz gut - nochmal mit dem Schreibpasser drumherum und nachdechseln! Dann paßte es meistens - sonst nochmal das Ganze!

QUERBALKEN UND GANG 9

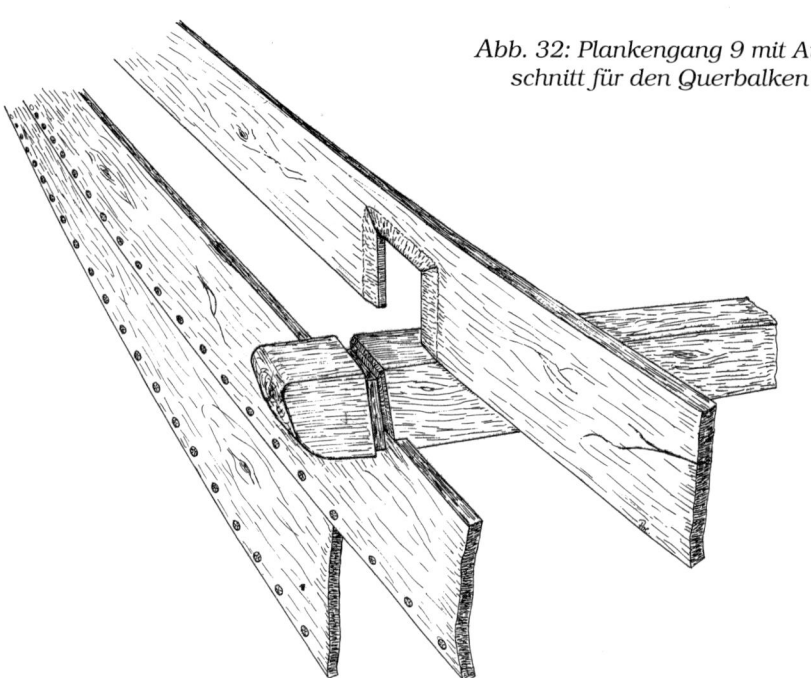

Abb. 32: Plankengang 9 mit Ausschnitt für den Querbalken

Die mit ihrem Außenende aus der Bordwand ragenden Enden der Querbalken sind ein typisches Merkmal der Kogge. Es tritt auf allen Stadtsiegeln deutlich hervor. Auch in der Zollrolle von Damme, wird die Kogge als "Großes durchbalktes Schiff - Navis magnum trabeata" urkundlich erwähnt. Unsere Kogge hat fünf solcher Querbalken.

Die vier auf dem achten Gang liegenden Querbalken sind mächtige Stämme von 7 bis 8 m Länge und rund 600 mm Durchmesser. Sie wurden auf eine Kantenlänge von 320 mm gebracht, Gewicht um 500 kg. Ihre Bucht beträgt etwa 100 mm. Die Balken stoßen durch die Außenhaut, so daß der außenliegende Teil das Widerlager für die Spannung der Planken bildet. Sie mußten also eingenutet werden. Die Nuten sind etwa 40 mm tief. Die Planken wurden entsprechend ausgeschnitten und eingeschoben. Der fünfte, vorderste Querbalken, auch Betingbalken genannt, weil auf ihm zwei starke Poller für Ankertrossen und Leinen aufgebaut sind, liegt um zwei Plankengänge höher, auf dem zehnten Gang.

Die fünf Balken wurden auf dem Holzplatz zugeschnitten, erst in der Breite und dann in der Bucht. Dazu wurde das Vertikalgatter auf die Breite eingestellt und der Balken langsam durchgeschoben, wobei er mit Handspaken allmählich verdreht wurde. Beim letzten Balken sprang die Maschine auseinander - Totalschaden!

Auf der Werft wurden die Balken mit dem Dechsel nachgehauen, um die Oberfläche etwas "authentischer" zu gestalten. Bevor die Querbalken endgültig abgesenkt und eingebaut werden konnten, mußte der Plankengang 9, der über den Querbalken 2 bis 5 verläuft, gedämpft und in Form gebracht werden. Denn die Planke 9 ist im Bereich der Balken rechtwinklig ausgeschnitten. Würden die Planken dieses Ganges erst nach dem Ausschneiden gedämpft und gebogen, bestände die Gefahr des Brechens, und das besonders bei den Querbalken 2 und 5, die im Bereich von starken Biegungen

Abb. 33. Querbalken Nr. 3. Alle Balken wurden aus einem Stück gefertigt und jeder wiegt gut 400 kg. Gut zu erkennen die Nuten für Plankengang 9 und das Zapfenloch für das von unten eingezapfte Spant.

QUERBALKEN UND GANG 9

des Schiffskörpers im Vor- und Achterschiff liegen. Bei den im geraden Mittelteil des Rumpfes liegenden Balken 3 und 4 wäre diese Gefahr geringer.

Im Bereich des Ausschnitts für die Balken wurde die Plankenstärke durch Dechseln von 45 auf 35 mm verringert, damit die Planken leichter in die Nuten der Balken gleiten konnten. Ohne eine derartige Verjüngung bestünde die Gefahr einer Beschädigung der Planken, wenn sie gewaltsam in die Nut gepreßt würden. Auf der Innenseite wurde eine Kalfatfase in die Nut des Balkens eingearbeitet. Die von unten an die Querbalken stoßenden Spanten wurden mit einem etwa 70 mm breiten und 45 mm hohen Zapfen versehen und ein passendes Zapfenloch in den Balken gestemmt. Auf diese Weise kann man eine stabile Querverbindung herstellen; Balken und Spant bilden ein sogenanntes Rahmenspant.

Abb. 34: Querbalkenkopf ragt aus der Bordwand heraus. Darüber Gang 9 mit der Plankenlasche.

Nunmehr konnten die Balken auf die Planke 8 abgesenkt und die vorbereitete Planke 9 mit ihren Ausschnitten eingeschoben und vernagelt werden. Es ist deutlich zu erkennen, welch großer Wert auf eine in jeder Richtung feste Verbindung zwischen Querbalken, Spanten und Außenhaut gelegt wurde. In der Tat sind die Querbalken ein für die Festigkeit des Rumpfes ganz entscheidendes Bauelement, das besonders zum Tragen kommt, wenn das Schiff vorn und hinten auf einem Wellenberg reitet und sich mit seiner Mitte über einem Tal befindet. In diesem Moment tritt bei jedem Schiffskörper eine extreme Beanspruchung auf, denn dabei hat der Kiel die Tendenz einer Durchbiegung nach unten mit der Folge, daß die Rumpfschale sich nach außen verbiegen will. Dem wirkt das "Rahmenspant" - Bodenwrangen, Spanten, Querbalken - entgegen, zum einen weil die Querbalken aus der Bordwand hinausragen und so ein Widerlager für die Außenhaut bilden, zum anderen weil durch das Einnuten eine formschlüssige Verbindung geschaffen wird.

Als erste wurden die Balken 3 und 4 aufgelegt, sozusagen "zum Einüben" des Verfahrens: sie waren am einfachsten mit Kran und Taljen auf die Außenhaut zu dirigieren, und ihre Schmiegen verlaufen fast gerade. Die ausfallende Planke des achten Ganges wurde im Bereich des Balkens beiderseits lotrecht ausgeklinkt, und zwar auf eine Länge, die der Balkenbreite minus der Tiefe der beiden Vertikalnuten entspricht; anders wäre die Planke nicht in die Nut zu bekommen gewesen. Darüber wurde der Balken in seine Position gebracht, die untere Nut angerissen, der Balken umgedreht und die Nut ausgestemmt. Mit einer Straklatte über der Oberkante des neunten Ganges wurde die obere Nut angerissen und zwi-

schen der oberen und der unteren Nut die Vertikalnuten an der Vor- und Achterkante des Balkens angerissen.

In gleicher Weise wie die Balken 2 bis 5 wurde der am weitesten vorn liegende Balken 1 zwischen den Plankengängen 9 und 10 eingesetzt. Er hat eine Kantenlänge von 400 mm, die sich an den Kopfenden auf 350 mm verjüngt. Anders als die übrigen Balken liegt er aber auf zwei dicht nebeneinanderliegenden Spanten auf. Die Spanten gehen von zwei Bugbändern aus. Auf diese Weise wird eine kräftige und breite Unterlage für den Querbalken 1 geschaffen, die einer Verdrehung des Balkens entgegenwirkt, wenn auf die beiden auf dem Balken angebrachten Betinge Kraft kommt. Betinge sind kräftige, senkrecht stehende Balken, die die großen Kräfte der auf ihnen belegten Ankertrossen, Festmacher oder Schleppleinen aufnehmen.

Die Plankengänge 11 und 12 wurden in der gleichen Weise aufgesetzt wie die übrigen Gänge; sie mußten, aus der Dampfkiste kommend, in der kurzen verfügbaren Zeit mit Taljen 5 m hoch gezogen werden.

Auf dem 12. Gang wurde das Setzbord aufgesetzt, das mit Nägeln von nur 85 mm Länge angenagelt wurde. Diese Nägel dringen nicht durch das Holz der beiden Planken, können also nicht umgeschlagen werden. So ist es einfacher, das Setzbord im Bedarfsfalle abzunehmen und wieder anzubauen. Aus dem gleichen Grund wurde hier später auch nicht kalfatert.

STEVENBÄNDER UND KIELSCHWEIN

Auf den beiden Steven sitzen innen Stevenbänder, vorn sechs und hinten fünf, von rund 4 m Länge, jedes überdeckt drei Plankengänge auf beiden Schiffsseiten. Die Formgebung für diese gewaltigen Bauteile, wie die Spanten von 250 mm Kantenlänge, erfordert ein hohes Maß an Raumvorstellungsvermögen, hat man es doch mit drei Schmiegen zu tun:
• für die Anlageflächen der Planken
• für die Innenschmiegen als Anlagefläche der Innenbeplankung
• für die Berücksichtigung der Klinken der Außenplanken.

Heute würde man diese Stevenbänder sowohl mit den Planken als auch mit dem Steven fest verbinden. An der Bremer Kogge war das jedoch nur bei etwa der Hälfte der Stevenbänder der Fall. Wir haben dafür keinen überzeugenden Grund finden können und vermuten eher, daß man zur Zeit des vorzeitigen "Zuwassergehens" noch nicht dazu gekommen war, diese Arbeit überall zu vollenden, weniger hingegen, daß auch so eine genügende Festigkeit des Verbandes zu erreichen gewesen sei. In dieser Zweifelsfrage haben wir uns die für höhere Sicherheit entschieden und verbolzten sämtliche Stevenbänder auch mit den Steven. Darüber hinaus wurden die Stevenbänder durch Dübel mit der Außen- und Innenbeplankung verbunden. Doch nicht allein das Ausarbeiten der Stevenbänder, auch ihre Anbringung war nicht einfach. Denn sie mußten über die 5 m hohe Bordwand ins Schiff gehievt werden. Das Ausrichten auf den Steven war schwierig, weil diese unregelmäßigen und schweren Bauteile in der genauen Lage zu den stark geneigten Steven nur schwer festzulegen waren und ständig abrutschen wollten. Zur Fixierung hatten wir Knaggen auf die Steven genagelt. Nach dem Einbringen der Stevenbänder konnten die letzten Mallen herausgenommen werden. Die Rumpfschale wurde nun nicht mehr durch die vom "Esel" heruntergeführten Schwertlatten gehalten; zur Abstützung dienten Stützen unter den nach außen ragenden Köpfen der Querbalken. Endlich war der Blick auf das Innere der Kogge frei; jetzt erst bekam man einen Begriff von dem Rauminhalt und dem Fassungsvermögen des Schiffes.

Nach dem Fortfall der Mallen konnte nun auch das Kielschwein eingesetzt werden. Es war schon seit einiger Zeit zum Einbau vorbereitet und im Schiffsinneren aufgehängt worden. Es ist ein Stück von 11,5 m Länge und hat eine merkwürdig asymmetrische Form. Im Bereich der Mastspur ist ein 100 mm tiefes Vierkantloch für den Mastfuß eingearbeitet. Im Mittelteil ist das Kielschwein 400 mm breit und verjüngt sich zu den Enden hin auf 180 mm. An seiner Unterseite ist es dort, wo es auf den Bodenwrangen aufliegt, eingeklinkt. Durch die unterschiedliche Tiefe dieser Einklinkungen können Höhenunterschiede ausgeglichen werden. Wieder ist uns nicht klar, warum die mittelalterlichen Koggenbauer es so machten, bedeutet dies doch eine gewisse Einbuße an der Festigkeit des Kastenträgers, den das Kielschwein darstellt. Die asymmetrische Form des Mittelteils liegt wahrscheinlich in der Form des verfügbaren Holzes begründet, wir haben ihn dem Original nachgebildet. Neben den

Abb. 35: Uli Kimm beim Anfertigen eines Modells für ein Stevenband, dahinter fünf bereits angebrachte Stevenbänder.

Klinken sind grobe Abfasungen eingearbeitet, deren Bedeutung wir noch nicht kennen; wahrscheinlich wurden hier Taue zum Festlegen der Ladung belegt. Auch sie haben wir dem Original entsprechend nachgebaut. Das Kielschwein der Bremer Kogge war mit

STEVENBÄNDER UND KIELSCHWEIN

den Bodenwrangen, aber nicht mit der Kielbohle durch starke Dübel verbunden. Auf Anraten des Germanischen Lloyd (G.L.), der den Bau begleitet, haben wir im Bereich der Mastpur jede und im übrigen jede zweite Verbindung nicht gedübelt, sondern mit Stahlbolzen (M20 1.45.71) befestigt.

Einer Anregung des G.L. folgend, wurden im Hinblick auf den Einsatz der Kogge nach den Erprobungen, vorbereitende Maßnahmen für den Einbau von drei wasserdichten Schotten getroffen, die später nicht mehr hätten eingesetzt werden können. An den entsprechenden Stellen wurden zwischen den Eichenspanten drei lamellierte Mahagonispanten wasserdicht eingesetzt und an jedem Plankengang mit einem 16mm-Bolzen aus korrosionsbeständigem 1.45.71 - Stahl verbunden. Es handelt sich um das gleiche Material, das auch für die Nägel, Bolzen und Beschläge verwandt wurde. Nach Beendigung der Segelversuche im historischen Zustand werden an diesen Spanten die wasserdichten Schotte angebracht. Eine weitere Abweichung vom historischen Vorbild im Interesse der Sicherheit ist der Einbau von zwei Seitenlängsstringern, 11 m lang, Kantenlänge 180x150mm, je 900 mm aus Mitte Schiff. Im Mastbereich sind sie mit den Bodenwrangen und den Planken durch M 20-Bolzen verbunden, mit den übrigen abwechselnd durch Bolzen und Dübel.

Abb. 36: Ein gedämpfte Innenplanke wird eingebogen.

DIE "KIELER RITZE"

Vor dem Zuwassergehen bereitete uns ein Artikel des "Bremerhavener Tageblatts" einiges Vergnügen. Man sorgte sich um unsere Schwimmfähigkeit wegen der "Kieler Ritze", ein Spalt zwischen den Bodengängen 3 und 4. Gang 4 ist der letzte karweele und zugleich der erste geklinkerte Gang. Zwischen dieser und der nächsten Bodenplanke war durch Austrocknen des Holzes eine etwa 15 mm breite "Ritze" entstanden. Der Artikel kündigte uns das sofortige Vollaufen der Kogge an. Aber wir hatten durch laufende Messungen festgestellt, daß das Holz am Bau eine Feuchte von etwa 18 % hatte. Die Feuchtigkeitsaufnahme im Wasser läßt das Holz um etwa 3 % aufquellen. Auch diesen Wert hatten wir in laufenden Versuchen ermittelt, bei denen wir Plankenstücke wässerten und danach die Veränderung feststellten. Warum diese "Ritze"? Wie wir wissen, hat die Kogge 13 Plankengänge, von denen die 4 Gänge am Boden karweel und die weiteren 9 (ohne das Setzbord) geklinkert sind. An dem vierten, dem letzten karweelen Gang von Schiffsmitte aus gesehen, ist der erste durchgehende Klinkergang befestigt. Hält man sich nun vor Augen, daß die 8 darüberliegenden Gänge von gut 40 mm Stärke und 620 mm Breite während der ungefähr 1 1/2-jährigen Bauzeit Feuchte verlieren und daher schrumpfen, und daß sie durch die Nagelung einen festen Verbund bilden, erkennt man, daß dieses Ganze die Möglichkeit haben muß, bei Ausdehnung auszuweichen. Auf Grund dieser Überlegung erschien mir die "Kieler Ritze" sogar eher ein wenig zu knapp geraten zu sein. Wir wissen natürlich nicht, ob die mittelalterlichen Koggenbauer ebenfalls eine solche "Sollritze" eingebaut hatten. Wenn nicht, läßt das auf eine kurze Bauzeit schließen.

Bei unserem Holz war, wie gesagt, nur eine geringe Ausdehnung zu erwarten, trotzdem war die "Sollritze" durchaus am Platz. Was aber würde passieren, wenn man lange abgelagertes und mithin sehr ausgetrocknetes Holz verbaute? Dann müßte man sicherlich wesentlich größere "Sollritzen" und Luft für die stärkere Ausdehnung des Holzes vorsehen. Außerdem wäre dann zu befürchten, daß die geklinkerten und fest vernagelten Planken hohe, gegeneinandergerichtete Schubkräfte entwickeln..

INNENBEPLANKUNG

Die Innenbeplankung besteht aus 8 Plankengängen, die mit einer Handspanne Abstand voneinander auf die Bodenwrangen, bzw. Spanten gelegt wurden.

Ihr Zweck ist zum einen, das Aufliegen der Ladung bzw. des Ballastes an den Außenplanken und den Spanten und Bodenwrangen zu vermeiden, und zum anderen, dem durch Regen oder Seegang an Deck gekommenen Wasser einen Weg in die Bilge freizuhalten, aus der es dann gelenzt wird. Denn die Kogge ist ein offenes Schiff, also ohne wasserdichtes Deck, und in den oberhalb des Decks liegenden Bordwänden sind keine Lenzpforten, durch die an Deck gekommenes Wasser abläuft, bevor es zu einer Gefahr für die Stabilität wird. Schließlich dient die Innenbeplankung als kräftiger Längsverband. Daher auch ihre massiven Abmessungen. Die Planken sind 40 mm dick, bis auf die dritte, die Kimmplanke, die als Kimmstringer 70 mm stark ist. Die Breite der Planken liegt zwischen rund 500 und 350 mm, und so werden sie auch von uns eingebaut. Wir vermuten, daß die Koggenbauer für die Innenplanken auch verschnittene Außenplanken verwendet haben, was eine Erklärung für diese unterschiedlichen Maße sein kann. Auch an den Plankenlaschen sind die Breiten unterschiedlich. Das macht einen sehr unordentlichen, lieblosen Eindruck, stützt aber die Vermutung, daß man verschnittene oder sonstwie "verunglückte" Planken dafür verwandte. An ihren Unterseiten (außen) wurden die Innenplanken den Krümmungen der Spanten angepaßt, ggf. durch Füllstücke. Die Mittelteile der Planken sind etwa 7,5 m lang, sie konnten aufgelegt werden, ohne daß sie gebogen werden mußten. Die 4 m langen Endstücke vorn und achtern mußten gedämpft werden; die gute alte Dampfkiste kam wieder zu Ehren. An den Schiffsenden kreuzen die Innenplanken die Bugbänder in spitzem Winkel und bilden so mit den Außenplanken eine Art Diagonalverband.

Die Innenplanken sind mit den Spanten und der Außenbeplankung durch Dübel verbunden; an einzelnen Stellen, nämlich dort, wo beim Zuwassergehen die größten Kräfte auftreten werden, wurden Stahlbolzen gesetzt. Da die Zeit bis zum Zuwassergehen nicht ausreichte, um sämtliche Innenplanken einzusetzen, begannen wir mit dem Kimmgang, dem Gang Nr. 3, der beim Anlüften der Kogge besonderer Beanspruchung ausgesetzt ist.

Abb. 37: Ansetzen einer Innenplanke

DIE QUERKNIE

Auf den vier Querbalken, die auf der Planke 8 liegen, ruhen gewaltige Querknie, 130 mm dick und 700 mm hoch. An den Bordwänden reichen sie in der Art von Auflangern 1,9 m hoch. Die Bordwände erhalten so eine feste Verbindung zu den Querbalken, was die Querfestigkeit des Ganzen bedeutend erhöht. Wieder geht es in den Wald auf die Suche nach passenden Astgabeln; im Ganzen 8, für jeden Querbalken zwei. Auf der Mitte des Querbalkens sind sie mit einer Blattlasche und mit Nägeln und Dübeln miteinander verbunden. Zur Formgebung fertigten wir Mallen aus Eichenholz an, nach denen die Teile auf dem Holzplatz ausgesägt wurden. Als erste wurden die Querknie für den Balken Nr. 3 angefertigt, um an dieser Stelle eine hohe Festigkeit zu haben, wenn das Schiff vom Kran angehoben wird. Natürlich hätten wir lieber alle Knie vor dem Zuwassergehen eingebaut, doch langte auch hier die Zeit nicht. Jedes Knie wiegt rund 320 kg; das Hochwuchten war wieder eine ganz schöne Knochenarbeit. Beide Kniestücke wurden nacheinander eingepaßt, nachgearbeitet und schließlich mit Blattlasche verbunden. Sie wurden mit den Innen- und Außenplanken sowie mit dem Querbalken durch Dübel von 35 / 40 mm Durchmesser verbunden. Zur Sicherheit setzten wir je einen 16 mm-Stahlbolzen mit aufgeschmiedetem Kopf durch die Bordwand und den Querbalken.

Abb. 38: Das Dübelloch für ein Querknie wird gebohrt.

AUSSENSTEVEN VORN

Der 8 m lange und 700 kg schwere Außensteven wurde noch in der Halle, deren Vorderwand dazu entfernt worden war, angebaut, eine ausgesprochen schwierige Arbeit, die ich unserem bewährten Harry Rathke anvertraut hatte. Das unhandliche und schwere Bauteil, dessen Schwerpunkt weit in seinem oberen Teil liegt, wurde von Hand und mit Taljen aufgerichtet, angepaßt und angerissen, wieder heruntergenommen, nachgepaßt und schließlich mit Bitumen eingestrichen und angesetzt. Dann wurden vier Löcher von 40 mm für die Stahlbolzen gebohrt, mit denen der Außensteven am Innensteven festgesetzt ist.

Dabei richteten wir uns genau nach dem mittelalterlichen Vorbild. Damals kannte man noch keine Gewindebolzen, mußte also einen anderen Weg finden, um eine sehr feste Bolzenverbindung zu schaffen. An seinem einen Ende hat der Bolzen einen kräftigen Kopf, am anderen einen Schlitz, in den ein stählerner Keil geschlagen wird. Genauso machten wir es mit unserem 1.45.71- Stahl. Wieder war unser Schmied gefordert; die dicken Köpfe und vor allem die Schlitze herzustellen, war gar nicht so einfach.

DAS ERSTE ZUWASSERGEHEN

Mit Hilfe der Werft wurden auf dem Hallenboden Schienen für die Transportwagen, auf denen das Schiff ins Freie gebracht werden sollte, gelegt. Nun konnten die Pallen, auf denen es bis dahin geruht hatte, entfernt werden.

Leider war der ursprünglich zugesagte Schwimmkran "Hiev" des Marinearsenals Kiel wegen einer technischen Störung nicht verfügbar. So wurde ein privater Kranunternehmer beauftragt.

Am 26.10.1989 war es dann soweit. Die Stirnwand der Halle war bereits zur Anbringung des vorderen Außenstevens abgenommen worden. Am vorderen Wagen wurde eine starke Talje angeschlagen; 18 Mann legten sich auf Kommando in die holende Part, 6 Bremser mit Bremsklötzen an Stielen verteilten sich an die Räder der Slipwagen - aber es rührte sich nichts. Wollte die Kogge nicht ins Wasser? Dachte sie an das Schicksal ihrer Vorgängerin in Bremen? Erst als Stahlwinden für einen ersten Schub an beiden Schiffsseiten angesetzt wurden, kam die Masse von rund 30 Tonnen Eichenholz langsam in Bewegung. Die Männer an der Talje fingen an zu singen - zwar nicht gerade Shanties - aber es half. Zentimeter für Zentimeter rollte die Kogge aus der Halle. Endlich konnten wir sie aus einiger Entfernung betrachten. In der Enge der Halle war der Rumpf ja nicht recht zu überblicken gewesen. Da ist sie nun! Wir freuen uns an ihren gefälligen Formen, die auf den uns bekannten Abbildungen aus dem Mittelalter nicht so klar zu erkennen sind, Formen, die einen Vergleich mit denen der bis in unsere Tage als gute Segler bekannten Schiffe des Persischen Golfs durchaus zulassen.

Die Jungen reißen an der Talje, noch drei Meter fehlen; das Schiff will nicht weiter, vielleicht ist es eine kleine Unebenheit der Schiene oder der Boden ist ein wenig abgesackt. Es ist unwahrscheinlich, welche Kraft der Mensch mit seinen Muskeln durch entsprechende Übertragungen entwickeln kann. Hier erleben wir am eigenen Leibe, wie die uns oft

DAS ERSTE ZUWASSERGEHEN

unglaublich erscheinenden Transport- und Hubleistungen früherer Zeiten zustande gekommen sein können.

Es wird gerissen, bis ein Kardeel der Talje bricht, aber die Kogge rührt sich nicht. Eine kurze Pause, die Talje wird ausgewechselt und schließlich sind die letzten Meter auch geschafft.

Inzwischen ist der 160-t-Kran gekommen. Die Brooken werden unter das Schiff gelegt, die Spreizen vom Kran auf das Setzbord gelegt. Die Brooken werden in die Spreizen eingeführt und in den Kranhaken gelegt.- Die Brooken waren in Höhe der Querbalken 2 und 4 angesetzt.

Alle Mann aus dem Schiff! - der Kran hebt an. Es knirscht ein bißchen, bis die Brooken sich setzen, dann hebt das Schiff ab, es schwebt in der Luft - kein Krachen oder Brechen, das Schiff ist steif - so hatten wir es erwartet, doch ist dieser Moment immer spannend! Der Kran schwenkt zum Slip der Werft, wo der Slipwagen schon wartet. Die Kogge schwimmt jetzt kurz frei und liegt mit ganz geringer Steuerbord-Schlagseite in

Abb. 40

gutem Trimm leicht auf dem Wasser, scheint sich darin wohlzufühlen. Sie wird auf den Slipwagen geholt, ist nun klar für das Zuwassergehen und die Taufe am 30.10. Der "Stapellauf" wird dann kein Problem sein, es kann eine ungetrübte Stapellauffeier werden.

Angenehme Überraschung: ein knapper halber Meter Wasser steht im Schiff, nach 14 Tagen ist es dicht, sicher auch, weil sie gut "gefüttert" worden war. - "Hier hast Du ein paar Säcke mit Sägespänen", hatte der Meister zu einem der Lehrlinge gesagt, "geh' mal hin und füttere das Schiff." (Das alte Verfahren, ein Schiff, das "weint", dichtzubekommen, indem die Späne ins Wasser geschüttet werden und mit dem Sog des ins Schiff eintretenden Wassers in die undichten Nähte gelangen.) Der junge Mann schleppt die Säcke über die Bordwand, um sie ins Schiff zu kippen und fragt: "Das Schiff soll gefüttert werden, wie soll ich das denn machen?"- Offenbar war ihm, der sonst immer alles wußte, einiges doch noch nicht ganz klar gewesen. Er wurde noch lange von seinen Kollegen gefragt, ob er nicht das Kielschwein füttern wolle.

Abb. 41

DER STAPELLAUF UND DIE TAUFE

Darüber stand in den Mitteilungen des Kieler Yacht-Clubs:

Am 30.10.1989 ging die Kieler Hansekogge bei der Boots- und Yachtwerft Erich Rathje zu Wasser. Dem Regen zum Trotz waren fast 300 vom Koggevirus Befallene zu diesem einmaligen Ereignis erschienen, an ihrer Spitze als Vertreter des Schirmherren des Projekts, des Ministerpräsidenten SH, der Sozialminister unseres Landes, Herrn Janssen.

Die Kogge hatte bereits ein paar Tage zuvor die erste Berührung mit ihrem Element hinter sich gebracht, als sie mit einem Autokran aus der Bauhalle ins Wasser gesetzt und anschließend aufgeslipt wurde. Nun lief sie 'echt' ab.

Den Taufakt vollzog die 13jährige Kieler Jungseglerin Katharina Rathke. Beim zweiten Wurf traf sie gekonnt, und die 30 ts guter Schleswig-Holsteiner Eiche setzten sich in Bewegung. Der mit Spannung erwartete Name erschien: HANSEKOGGE. Wie bei jeder Taufe kann man sich auch hier einen noch schöneren Namen vorstellen; dieser hat den unbestreitbaren Vorzug, daß jedermann weiß, womit er es zu tun hat. Das Ablaufen mit dem Slipwagen war natürlich nicht so spannend wie ein 'richtiger' Stapellauf, dafür aber risikofreier. Das Schiff lag erfreulich manierlich auf dem Wasser und schien sich darin wohlzufühlen; ganz Höfliche meinten, die paar Dezimeter Wasser im Schiff seien selbstverständlich nur auf den Regen zurückzuführen. Doch im Ernst: für einen Rumpf aus Eichenholz machte das Schiff wirklich wenig Wasser.

Der Vorsitzende des 'Vereins Jugend in Arbeit', des Bauherren der Kogge, W.R. Jantzen, und der Minister würdigten die Bedeutung des Tages und umrissen die mit dem Bau verbundenen Absichten: Nach Fertigstellung und dem Aufriggen - ein rund 35 m langer Lärchenstamm aus der Nähe von Kopenhagen für den Mast liegt schon seit längerem im Werfthafen - sollen im nächsten Frühsommer noch bei der Werft vorläufige Erprobungen des Riggs vorgenommen werden mit dem Ziel, das Schiff im darauf folgenden Jahr für Segelversuche in der westlichen Ostsee laufen zu lassen. Nur so wird ein zutreffendes Bild der Segel- und Fahreigenschaften dieser Schiffe zu bekommen sein. Man muß sich so viel Zeit für den Vorlauf nehmen, weil wir - im Gegensatz zum Rumpf - über das Rigg der Koggen sehr wenig wissen, im Grunde so gut wie gar nichts; das 1962 im Schlick der Weser gefundene Schiff war noch nicht aufgetakelt. So ist man auf die Auswertung von freilich sehr ungenauen bildlichen Darstellungen aus dem Mittelalter, namentlich auf vielen Stadtsiegeln, angewiesen; schriftliche Unterlagen gibt es so gut wie überhaupt nicht. Und auf das, was die Praxis ergeben wird, denn man kann davon ausgehen, daß die Koggefahrer das taten, was auch heute noch seemännisch vernünftig ist.

Abb. 42. Taufpatin Katharina Rathke

DIE KONSERVIERUNG

Endlich lag die Kogge in ihrem Element, war ein Schiff geworden. Nun war der weitere Fortgang der Arbeit sorgfältig zu planen, hing er doch in hohem Maße davon ab, wann ein Termin zum Aufslippen in die Halle mit der Werft vereinbart werden konnte für Arbeiten, die im Wasser nicht möglich waren. Die Termine der Werft sind eng; wir mußten uns also darüber klar werden, was wir auf dem schwimmenden Schiff machen konnten. Vordringlich wäre jetzt der Einbau der noch fehlenden sechs Innenplanken gewesen. Sie werden mit den Spanten bzw. den Bodenwrangen und der Außenbeplankung durch Dübel fest verbunden, diese Arbeit kann natürlich im Bereich des Unterwasserschiffes nur außerhalb des Wassers ausgeführt werden. Der Zeitplan der Werft erlaubte das Aufslippen erst im Dezember. Mithin mußten andere Arbeiten vorgezogen werden. Zum Glück herrschte im November 1989 ein ungewöhnlich mildes, ruhiges und trockenes Herbstwetter, so daß mit dem wichtigen Konservieren des Holzes begonnen werden konnte.

Auf Empfehlung der Bauaufsicht wurde ein norwegisches Konservierungsöl mit leicht fungizider Einwirkung verwendet und mit Rolle, Pinsel und Quast aufgetragen. Das Öl zog sehr schnell und tief in das inzwischen schon recht trocken gewordene Eichenholz ein. Sämtliche Spanten, Planken, Bodenwrangen, kurz alle Holzteile, wurden mit diesem Öl getränkt; es erstaunte uns, wie viel davon aufgesogen wurde. Nach dem dritten Anstrich wurde Kienteer (Holzteer) zugesetzt, anfangs 10 %, damit auch der Teer tief in das Holz eindringen konnte. Der Teeranteil wurde dann allmählich auf 50 % gesteigert.

Bei dieser ersten Konservierung, die später sicher wiederholt werden wird, sind für 18 Anstrichslagen 800 Liter Öl verbraucht worden. Das Ergebnis konnte sich sehen lassen. Die Kogge hatte eine leicht glänzende Außenhaut mit schöner dunkler Bernsteinfarbe bekommen. Wir fragten uns, ob die Koggen vor 600 Jahren auch so aussahen. Nach Paul Heinsius, "Das Schiff der hansischen Frühzeit", wurde ein aus Harz, Schwefel und Leinöl bestehendes und "Harpeus" oder "Harpuis" genanntes Konservierungsmittel benutzt, dessen Zusammensetzung im einzelnen uns aber nicht bekannt ist.

DAS DECK

Nach dem Stapellauf war das an die Werftpier gelegte Schiff möglichst schnell winterfest zu machen. Der Winter konnte früh und plötzlich einsetzen und härter werden als die beiden vorangegangenen. Über dem noch ganz offenen Schiff wurde ein Zeltdach errichtet und sorgfältig befestigt. Es hat dann auch die Februarorkane von 1990 gut überstanden.

Unter dem Schutz des Zeltdachs konnte das Deck verlegt werden. Die Deckskonstruktion der Bremer Kogge ist für heutige Begriffe recht ungewöhnlich: auf den Aufliegerknien der Querbalken ruhen vier gefalzte Decksbalken in Schiffslängsrichtung, auf denen fünf Reihen von 1,3 bis 1,5 m langen Decksplanken liegen. Wahrscheinlich lagen diese lose in den Fälzen, denn es wurden keine Spuren von Nägeln oder sonst einer Befestigung gefunden. So konnte man die Bretter oder "Decksplanken" zum Laden und Löschen abnehmen und danach wieder auflegen, einfache Vorläufer der Ladeluken.

Überkommendes und Regenwasser fand seinen Weg in den Raum für den Belader und Versicherer von heute ein Alptraum! Doch in den alten Zeiten war eine Ladungsbehandlung, wie sie uns heute selbstverständlich ist, nicht möglich und auf den Vorläufern der Kogge sicherlich auch nicht besser. Allerdings wurden in der Hansezeit die meisten Ladungen in Fässern befördert, wenn man will, Vorläufer der Container. Auch die Seeberufsgenossenschaft hätte gegen dieses Deck einiges einzuwenden, denn der Seemann, der irgendwo auf der Ladung schlief, bekam den Segen von oben aus erster Hand. Das Hauptargument für die im folgenden beschriebene Abweichung vom historischen Vorbild aber waren Sicherheitserwägungen. Jedes lose aufliegende Brett aus Eichenholz würde sich propellerartig verwinden- "Stolpersteine" für die Besatzung, besonders wenn es *rund geht*. Auch mit diesem Risiko mußte der Seemann im Mittelalter leben.

Ein fest verlegtes Deck erhöht natürlich auch die Querfestigkeit des Rumpfes, doch spielte dieser Punkt bei der Entscheidung so gut wie keine Rolle, denn die Decksbalken mit ihren Knien und die Klinkerbeplankung verleihen dem

Abb. 43: Hauptspant mit Deckskonstruktion

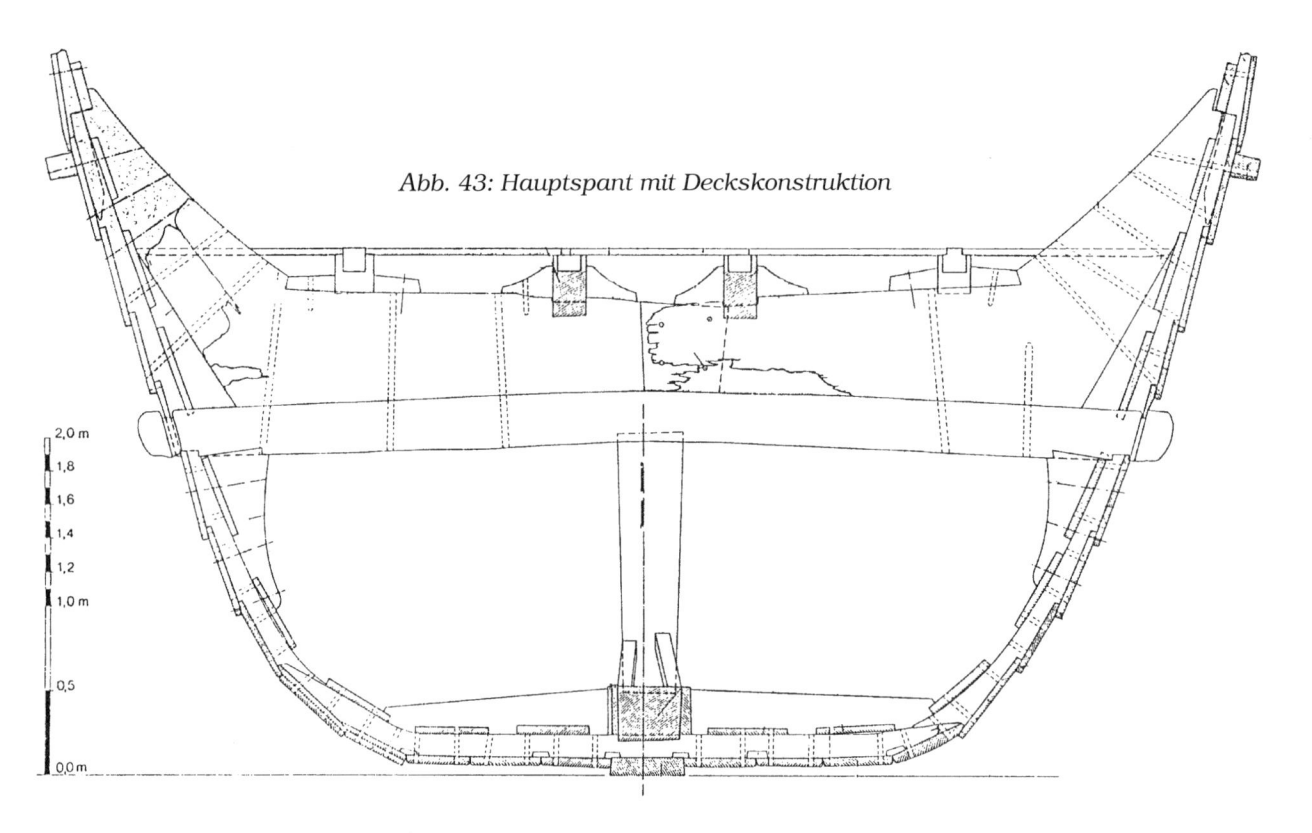

Schiff ohnehin eine sehr hohe Querfestigkeit.

So fiel, wenn auch unter "historischen Bauchschmerzen", die Entscheidung für ein festes Deck. Es besteht aus einer Sperrholzlage unter den eigentlichen Decksplanken aus Eichenholz, wodurch das Deck, jedenfalls bis zur Innenbeplankung, dicht wird. Wir gaben uns große Mühe, es so zu gestalten, daß es dem ursprünglichen Decks-Aussehen so ähnlich wie möglich wurde. Der Fund gibt keinen Hinweis darauf, ob und gegebenenfalls wie die Decksplanken an die Innenplanken angeschlossen waren; an dieser Stelle wurden nur kleine 40 mal 60 mm starke Decksstringer gefunden; nach Ansicht des GL müßten aber solche Stringer einen Querschnitt von 120 mal 100 mm haben. Den

Abb. 44 (links). Die in Längsschiffrichtung verlaufenden Decksplanken
Abb. 45 (rechts): Roy Brommann vergießt die Decksnähte mit Pech.

gaben wir ihnen auch und befestigten sie mit 16 mm starken "Stumpfbolzen", das sind Bolzen mit einem Kopf, aber ohne Gewinde. Zur Erhöhung der Zugfestigkeit werden auf dem Umfang des Bolzens Widerhaken mit dem Meissel eingeschlagen. Die Bohrung für die Bolzen ist im Knie 16 mm stark, im Spant aber nur 12 mm. So wird, besonders wenn das Holz austrocknet, eine Verbindung hergestellt, die sich nie wieder lösen kann.

DIE BUGVERSTEIFUNGEN

Unsere für die Deckskonstruktion gewählte Lösung hat jedoch einen schwerwiegenden Nachteil: An Deck gekommenes Wasser kann nur zwischen den Außen- und den Innenplanken in den Raum ablaufen; das Original hatte ja keine Lenzöffnungen in der Verschanzung. Für dieses Problem muß noch eine Lösung gefunden werden. Im Hinterschiff wechselt auch beim Original die Art der Decksbeplankung. Sie besteht hier aus längsgerichteten Planken auf querlaufenden Decksbalken, wie das auch heute üblich ist. Die Planken liegen auf dem Decksbalken 5 und zwei weiter hinten liegenden, leichteren Decksbalken auf. Unter diese setzten wir aus Gründen der Sicherheit noch Kniestücke, die mit den oben beschriebenen Stumpfbolzen befestigt wurden. Während der Verlegung des Decks im Achterschiff waren vorn noch einige wichtige Arbeiten zu erledigen.

Das Vorschiff eines so füllig gebauten Schiffes, wie die Kogge es war, hatte beim Angehen gegen die See sehr hohe Beanspruchungen aufzunehmen. Und auch der Vorsteven, an dem das Vorstag und die Bulins angreifen, wurde, vor allem beim Segeln am Wind, hoch belastet. Das wußten auch die Kollegen im Mittelalter und sie bauten eine gewaltige Menge Holz in das Vorschiff ein, erheblich mehr als in das Achterschiff. Der wichtigste Bestandteil dieser Verstärkungen ist das Bugknie, ein V-förmiger, in zwei Ebenen abgeknicktes Bauteil aus einem Stück, Gewicht etwa 500 kg, Schenkellänge an Bb. 1,90 und an Stb. 2,20 m; in der Mitte ist er 500 mm stark, nach den Enden hin verjüngt er sich. Eine Meisterleistung des mittelalterlichen Schiffbaus! Die hätten wir unseren Vorgängern gern nachgemacht, aber allen Bemühungen unseres Holzhändlers und des Försters zum Trotz war ein passendes Stück nicht aufzufinden. So blieb uns nur übrig, dieses Knie aus zwei Teilen zusammenzusetzen, was freilich das Einpassen etwas einfacher machte. Beide

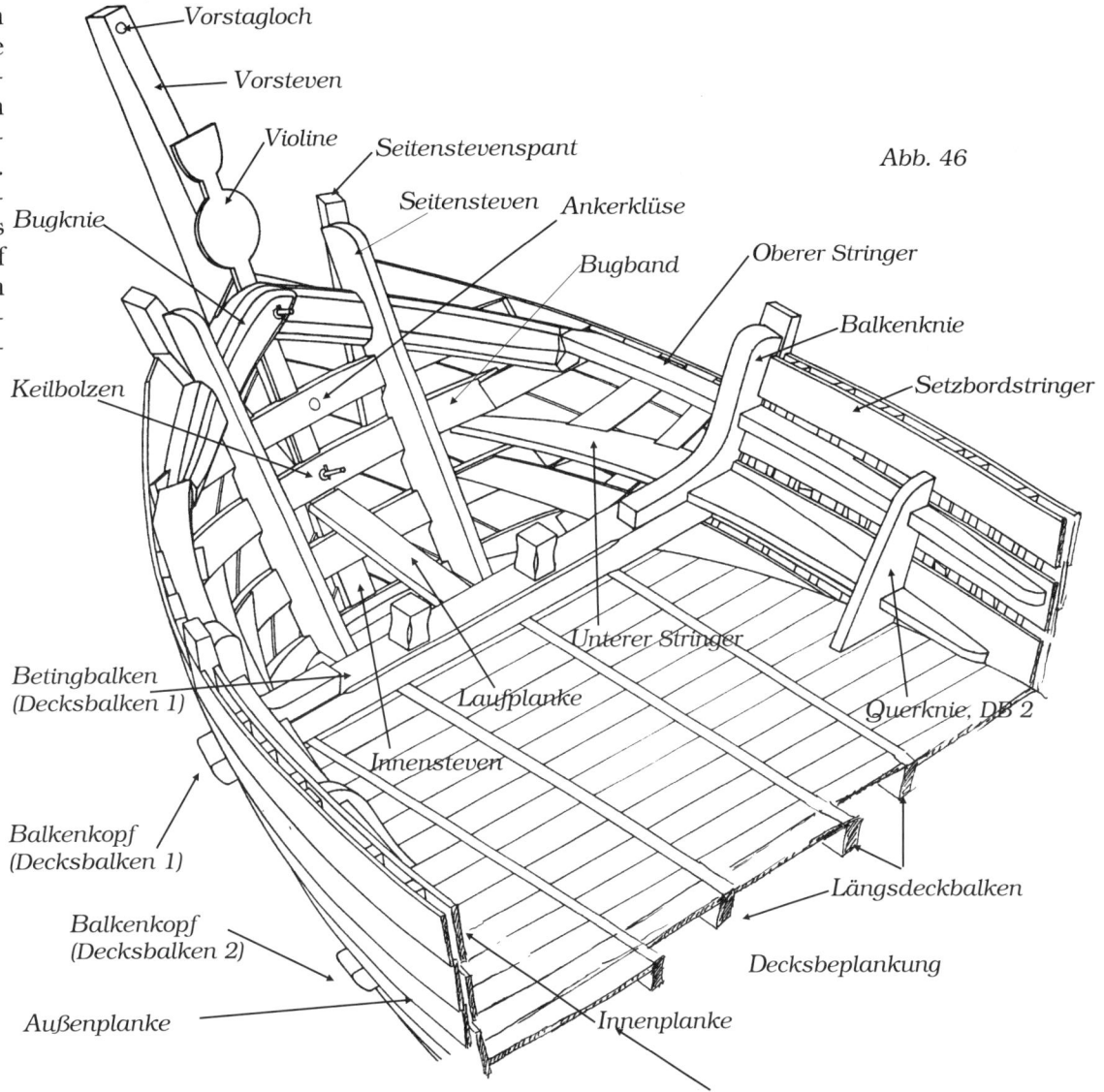

Abb. 46

Teile wurden an den Bugbändern eingekämmt, in der Mitte auf dem Innensteven überblattet und durch einen Bolzen mit Keil - wie bei der Verbindung der Innen- und Außensteven beschrieben - befestigt. Mit dem gleichen Bolzen wurde auch die "Violine" mit dem Vorsteven verbunden.

Das wurde eine Arbeit, dieses Einpassen: einsetzen, wieder raus, nachzeichnen, ausdechseln, wieder rein, und das wieder und wieder, bis endlich alles stimmte! Zum Einsetzen und Herausnehmen der schweren Teile brauchten wir den Werftkran, der aber gerade zu dieser Zeit auch für des Setzen der Yachtmasten laufend benötigt wurde. Eine wahre Geduldsprobe, hingen doch alle weiteren Arbeiten an diesem Knie. Streß und Frust für unseren Uli Kimm, in dessen Händen diese Arbeit lag.

Es folgten die beiden Stringer an Backbord und Steuerbord, die mit dem Bugknie durch Holzdübel verbunden und in die beiden Knie des Decksbalkens 1 und die Aufliegerknie des Decksbalkens 2 eingeklinkt wurden. Sie reichen bis zum Innengang 8 und sind etwa 4,6 m lang, 250 mm breit und 130 mm stark. Im Original waren diese beiden Stringer an der Einklinkung auf dem Knie auf Decksbalken 1 bis auf 30 mm ausgearbeitet und natürlich gebrochen. Was haben sich die Koggenbauer dabei wohl gedacht? Ein so langes, gekrümmtes Holz fast ganz durchzuschneiden - da hätte man doch gleich zwei Teile nehmen können! (Oder hat vielleicht der Meister gerade nicht hingesehen?) Wir machten die Knie auf Decksbalken 1 um 100 mm breiter, so brauchten wir die Stringer um 100 mm weniger auszuklinken.

Unter diesen Stringern liegt noch je ein kürzerer (etwa 3 m langer) Stringer, der in das Knie des Decksbalkens 1 eingeklinkt und durch Dübel mit dem Knie, dem Decksbalken 1, dem Spant und der Außenhaut verbunden wurde.

Die Aufliegerknie des Decksbalkens 2 wurden mit den oberen Stringern verklinkt und verdübelt. Jetzt konnten auch hier die Decksplanken gelegt werden.

Abb. 47: Im Vordergrund der Betingbalken (Querbalken 1) und weiter hinten die Bugbänder. Die hellen Bauteile sind die zum Einbau bereitliegenden Seitensteven. Dahinter das zweiteilige Bugknie mit Keilbolzen und auf dem Außensteven die Violine.

DIE SEITENSTEVEN

Die Einheit vorderer Innen- und Außensteven genügte den Koggenbauern noch nicht, um die bei einer Fahrt von 6 kn gegen die Nordseewellen auftretenden Kräfte zuverlässig aufzunehmen, und so bauten sie noch zwei Seitensteven ein. Sie liegen etwa 700 mm aus der Schiffsmitte, sind in die Bugknie eingeklinkt und erstrecken sich über acht Bugbänder und Spanten 6,40 m weit nach unten. Sie sind 150 mm dick und 400 mm breit, wobei sie sich nach unten hin verjüngen, und sind mit sämtlichen Bugbändern und den Spanten, über die sie reichen, verdübelt. Jörg Blümke und Reinhard Ziermann waren für diese Arbeit verantwortlich, und nun legten sie ihre "handwerkliche Bewährungsprobe" ab - beide sind Lehrer.

Wie erwähnt, liefen die Vorarbeiten für das Deck im Hinterschiff schon an, während noch an den Verstärkungen im Vorderschiff gearbeitet wurde. Auf Anraten des GL wurden die Querschnitte der Decksbalken von den 170 mal 170 mm des Originals auf 200 mal 200 mm erhöht, um das Gewicht möglicherweise auf dem Deck stehenden Wassers - das Deck ist ja anders als das des Originals, dicht - aufzunehmen. Die Fälze an den Oberseiten der Decksbalken schnitten wir mit der Handkreissäge rund 50 mm tief ein. Beim Original stoßen die Decksbalken auf den Querknien zusammen und sind gegen seitliches Verrutschen durch Knaggen oder Füllstücke auf den Knien gesichert. Diese etwas windige Methode haben wir ein wenig verbessert, indem wir die Balken auf den Knien überblatteten und verdübelten.

Die beiden mittschiffs liegenden Hauptbalken sind mit 8,47 m länger als die übrigen. Sie sind 220 mm dick und verändern ihre Höhe von 170 mm vorn auf 380 mm achtern. Zur Weiterleitung der Schubkräfte in das Deck sind sie außen mit den beiden Seitensteven und innen mit den Decksbalken 2 und 3 verdübelt. Zwischen diesen Balken und vor dem Decksbalken 3 wird der Mast stehen. 1 m vor dem Decksbalken 3 wurden zwei etwa 1,8 m lange und 180 mm hohe Keile aufgesetzt, die den Schloßbalken des Mastes aufnehmen. Er bildet einen Teil der Mastfischung. Wir benutzten diese Aufkeilung auf dem Deck für einen Niedergang.

Vom GL wurden die Maße für die Decksstringer auf 100 mal 120 mm festgesetzt. Sie wurden durch 16 mm starke und 250 mm lange Stumpfbolzen, wie sie weiter oben beschrieben sind, mit einem Abstand von 500 mm mit den Innenplanken und dem Spant fest verbunden.

Vor dem Verlegen des Decks wurde noch eine Schlinge von 100 mal 80 mm zwischen die Balken, bzw. zwischen Deck und Stringer nach Bootsbauerart mit Schwalbenschwanz eingesetzt. Dann wurden die Sperrholzplatten von 18 mm Stärke eingepaßt und - dem Historiker sträuben sich die Nackenhaare - mit einer Gummimasse abgedichtet und - noch schlimmer! - mit Spax-Schrauben verschraubt. Strahlende Gesichter bei Mitarbeitern: endlich etwas, das sie kennen und wo sie mal so richtig "reinhauen" können!

Auf die Sperrholzplatten wurden die 28 mm starken Decksplanken wieder in die Falz der Decksbalken eingelegt. Die Planken haben ringsherum eine Kalfatfase von etwa 6 mm; Jeweils eine Teilfläche von Planken wurde auf die Balken genagelt und von unten mit Spax-Schrauben verschraubt. An sämtlichen Hirnenden der Decksplanken, also den Innenplanken und den Falzen der Balken wurde mit Werg kalfatert und alle Fasen dann mit Marineglue vergossen. Diese "Paste" nannte man früher "Pech" - nun sind wir wieder "historisch".

Die mittleren Decksplanken sind nicht festgenagelt, sondern mit Unterzügen aus Eichenholz versehen, damit sie sich nicht verwerfen. Sie können also wie Ladeluken geöffnet werden, was auch notwendig ist, denn die Kogge soll ja mit unterschiedlicher Beladung erprobt werden.

DIE RÜSTBALKEN UND DIE WANTKÄSTEN

Über die Rüstbalken sind die Wanten eines Segelschiffs mit dem Schiffskörper verbunden. Sie sind ein lebenswichtiger Bauteil, der hohe Belastungen durch den Druck auf die Segel aushalten muß. Bei der Kogge sind sie 9,81 m lang, 200 mm breit und 150 mm dick. Sie wurden nach Modell unter dem Setzbord angepaßt und mit fünf 20 mm starken V 4A-Bolzen durch Spanten und Innenplanken festgebolzt. Diesen Bolzen gaben wir leicht stilisierte Köpfe; die Muttern wurden durch Pfropfen verschlossen. Dies ist wieder eine der Stellen, an denen wir aus Gründen der Sicherheit vom Original abwichen. Auf der Mitte der Rüstbalken sorgen 35 mm starke Holzdübel für eine feste Verbindung mit dem Rumpf. In jedem Rüstbalken befinden sich 14 Löcher von je 14 mm Weite zur Aufnahme der unteren Enden der Wanten. Aber merkwürdigerweise wurde kein Mast oder Teile, die zu einem Mast gehört haben könnten, gefunden. Doch läßt die Tatsache, daß das Schloßholz, welches den aufgerichteten Mast festhält, eingelegt war, den Schluß zu, daß der Mast zur Zeit des Unglücks gestanden haben könnte. Jedoch war kein Ballast im Schiff, es muß also noch an Land stehend von der Flutwelle erfaßt worden sein, denn ohne Ballast konnte es nicht stabil im Wasser liegen, schon gar nicht mit stehendem Mast. Hatte man den Mast schon auf der Helling gesetzt? Das hätte den Vorteil gehabt, daß die Kogge bei diesem schwierigen Manöver absolut ruhig gelegen hätte. Wie es wirklich war - wir werden es nie erfahren!

Abb. 49 und 50: Die Rüstbalken mit den Wantkästen. Über die Wantkästen sind Bretter genagelt - ursprünglich wohl als Schutz gegen Beschädigungen im Kampf.

DIE RÜSTBALKEN UND DIE WANTKÄSTEN

Die Dübel, mit denen die Rüstbalken am Rumpf befestigt sind, wären den großen, von den Wanten ausgeübten Beanspruchungen nicht gewachsen. Um diese nach oben gerichteten Kräfte voll aufzunehmen, zapften die Koggenbauer drei sogenannte Rüstbalkenstützen in die Rüstbalken ein. Diese Stützen bestehen jeweils aus zwei Teilen, einem äußeren, der 90 mm stark ist, und einem inneren von 120 mm. Sie sind mit dem Setzbord und dem obersten Innenplankengang 8 fest verdübelt. So werden die Kräfte umgeleitet und verteilt. Beide Stützen zusammen sind 300 mm breit; nach oben hin verjüngen sie sich etwas. Sie ragen 2,7 m über das Deck.

Zwischen den Stützen sind drei Querriegel eingefälzt. Der Riegel am oberen Ende der Stützen verlängert sich über die am weitesten achtern stehende Stütze und läuft bis an die vorderste Stütze des Kastelldecks. Da höre ich wieder die Stimme von Werner Lahn, des Restaurators der Bremer Kogge: "Die Rüstbalkenstützen sind der Ausgangspunkt des Achterkastells!" Die inneren Stützen sind in der Höhe des Setzbordes zur Aufnahme eines kräftigen Balkens ausgeklinkt. Dieser Balken schützt das Setzbord gegen den Druck der Wanten. Wenn die Jungfern in die Wanten eingebunden sind, werden in die gefälzten Querriegel Bretter genagelt, durch die die Wanten im Enterkampf mit anderen Schiffen vor dem Zerschneiden geschützt werden - Vorläufer eines Panzerschutzes auf Schiffen. Über die oberen Enden der Stützen läuft ein Handlauf. Der Zwischenraum bis zum darunterliegenden Querriegel wird durch Bretter ausgefüllt, wodurch eine feste Reling entsteht. In die vorderen Rüstbalkenstützen wird ein Kragbalken eingesetzt, den wir mit einer Schrägstütze unterfangen. Darüber nageln wir drei Bretter, die achtern auf einem Querriegel in der vorderen Kastellwand aufliegen. Von dieser Plattform aus können die Jungfern nachgesetzt werden.

Eine derartige Plattform wurde zwar nicht gefunden, wohl aber der Kragbalken. Daraus ist zu schließen, daß auf der alten Kogge eine solche Arbeitsfläche vorgesehen war. Unsere Erfahrung zeigt, daß diese Anordnung sehr zweckmäßig ist.

Abb. 51: Der hintere Teil des Achterkastells steht auf zwei Rahmenkonstruktionen, die in das Setzbord eingelassen wurden. Schon während der Bauzeit bog sich der hintere Balken nach unten, daher scheint das Kastell etwas nach hinten abzusacken.

DAS KASTELL

Das Wort stammt aus den Lateinischen - castellum, die Feste oder das Blockhaus. Auf den alten Schiffen war das Kastell eine hochgelegene Kampfplattform und Kommandobrücke mit Übersicht über das Schiff, seine Umgebung und - sehr wichtig - über das Segel.

In der Mitte des Kastelldecks steht das Gangspill - es wurde schon beschrieben - mit dem Schoten und andere Leinen geholt werden. Einige Koggesiegel zeigen ein Vorderkastell, das wohl hauptsächlich als Kampfplattform diente, doch bei der Bremer Kogge weist nichts auf ein Vorderkastell hin. In der hinteren Steuerbordecke des Kastells wurde die älteste nachweisbare Schiffstoilette der Welt gefunden, mehr darüber auf Seite 88. Die Konstruktion des Achterkastells möchte ich als "einigermaßen abenteuerlich" bezeichnen, so etwa nach dem bei den niederdeutschen Bootsbauern beliebten "Schnack": "Dütt Verband hält dat Verband." Eine eingehende Beschreibung all dieser offenbar vielfach behelfsmäßigen "Bauweisen" würde viel zu weit führen und sie würde auch keine weiterführenden Erkenntnisse vermitteln. Daher handele ich das Kastell ein bißchen summarisch ab. Auf den ersten Blick fällt seine Länge ins Auge, reicht es doch über das ganze hintere Drittel des Schiffes, und noch einen Meter über den Achtersteven hinaus. Weiter ist für uns ganz ungewöhnlich, daß es in der gesamten Breite des Rumpfes durchläuft, mithin beiderseits gut drei Meter über das spitz zulaufende Heck hinausragt. Unter dem Kastelldeck liegt auf beiden Seiten ein durch Bretterwände abgeschlossener Raum; der an Steuerbord ist an allen Seiten geschlossen, der an Backbord ist nicht mehr als eine Art Unterstand. Drei Rahmenkonstruktionen tragen das Kastelldeck: der achtere Rahmen ist an den Achtersteven angepaßt und seitlich in die Außenhautplanken eingelassen. Der untere Balken des zweiten Kastellrahmens ist 1 m vor dem hinteren Rahmen ebenfalls in die Bordwand eingelassen, zwei Schrägstützen, die jeweils etwa 1 m aus Mitte Schiff stehen, tragen den

DAS KASTELL

oberen Querbalken des Rahmens. Die dritte und eigentlich vernünftigste Rahmenkonstruktion besteht aus den beiden Bratspillwangen, in die ein 6,5 m langer Querbalken eingelassen und verdübelt ist. Er ist 200 mm hoch und 100 mm dick. Außen ist er durch zwei Kastelldeckstützen mit dem Aufliegerknie auf dem Decksbalken 5 verdübelt. Hier haben wir eine, auch aus unserer Sicht wirklich sinnvolle Rahmenkonstruktion. Die vordere Abgrenzung der beiden Seitenkastellräume wird jeweils von einer Innen- und einer Außenstütze des Kastelldecks gebildet. In der Flucht der Querbalken auf den Bratspillwangen liegt auf jeder Seite ein Querriegel. Das ist die ganze Unterkonstruktion für die Decksbalken. Auf diese Querbalken werden 10 längslaufende Decksbalken unterschiedlicher Breite, aber annähernd gleicher Dicke gelegt und darauf die querverlaufende Decksbeplankung genagelt. Die Außenstützen des Decks sind zum Teil Elemente der Rahmenkonstruktion wie die hinteren beiden und die mittlere auf den Aufliegerknien von Decksbalken 5. Alle Stützen ragen etwa 1,15 m über das Kastelldeck nach oben hinaus. Der Überstand des Kastelldecks über dem Achtersteven wird durch jeweils acht gewachsene Knie gestützt, die an acht aufrechtstehende Stützen des Heckrahmens gedübelt werden.

Von den Rüstbalkenstützen ausgehend läuft eine Verschanzung um das ganze Kastelldeck; der darüberliegende Handlauf ist wie ein Tampen verziert und dürfte der einzige Zierrat des Koggefundes gewesen sein. Die Verschanzung des Kastells ist von innen her noch durch vier gewachsene Knie an der Achterseite des Kastells und je einem Knie an den Seiten versteift. Merkwürdigerweise wurde keinerlei Hinweis auf eine Reling auf der inneren Seite des Kastelldecks gefunden; es ist aber nicht vorstellbar, daß man wegen der damit verbundenen Gefahr von Unfällen darauf verzichtet haben könnte. Jedenfalls bringen wir einige Relingsstützen an, die mit Tauwerksstandern verbunden werden, und meinen, daß das auf den Koggen auch so gewesen sein muß. Man hat keine Aufgänge vom Hauptdeck zum Kastelldeck gefunden; wir bauen zwei einfache Leitern als Niedergänge, die wir neben die Bedienungsplattform für die Wanten gegen die vordere Kastellwand stellen und an den Innenstützen des Kastelldecks mit einem Stropp sichern.

Auf das Setzbord in den beiden Seitenkastellräumen wird noch eine 600 mm breite, aber nur 30 mm dicke Kastellwandplatte gesetzt, die von den hinteren Rüstbalkenstützen über die höherstehenden Spanten der Kastellwand nach achtern läuft. Diese Kastellwand ist in Klinkertechnik an das Setzbord und an die überstehenden Spanten genagelt. Diese verhältnismäßig dünne Kastellwand wird durch zwei 8 m lange Stringer verstärkt, die von den hinteren Rüstbalkenstützen bis zu den letzten, über das Deck hinausragenden Kastelldecksstützen laufen. Die Kastellwand wird mit diesen Stringern vernagelt. Der obere Stringer wird schräg abgefast. Von dieser Abfasung bis unter den Kastelldecksüberstand der Planken werden hochkant stehende Bretter genagelt, wodurch die Seitenkastellräume nach außen hin dicht sind. Diese hochkant stehenden Bretter nennen wir "Kastellbedachung". Nach hinten auf Steuerbord, zu dem überdachten Raum für den Rudergänger hin, wird der abgeschlossene Raum durch eine Bretterwand abgeschottet, die vom Aufliegerknie des Decksbalkens 5 entlang dem Querbalken an die Bratspillwangen genagelt wird.

Innerhalb des Kastellraumes an Steuerbord befindet sich ein "Leckbrett" von 100 mm Dicke und etwa 450 mm Breite, das mit der Bratspillwange durch zwei Knaggen verbunden ist und durch die Außenhaut nach außenbords führt. In diese Bohle ist eine etwa 50 mm tiefe Rinne eingearbeitet, durch die wahrscheinlich Abfälle über Bord gegeben wurden. Der Kastellraum an Backbord, eigentlich ein Unterstand, ist nach vorn zu mit Brettern dichtgenagelt und an der Seite nur halb geschlossen - hier brauchte man Platz für die Handhabung der Spillspaken, die an dieser Seite ganz dicht an die Wand heran angeordnet waren, viel dichter als auf der anderen Seite. An der Bratspillwange an Backbord ist ein Spülkasten angebracht, ein Kasten von 400 mal 500 mm, 400 mm hoch, von dem aus ein 1,9 m langer "Rüssel" durch die Außenhaut ragt. Durch diesen Abfluß wurde vermutlich gelenztes Wasser nach draußen gegeben.

Offenbar war auf der Bremer Kogge eine Lenzpumpe nicht vorgesehen - bei dem fortgeschrittenen Bauzustand des Schiffes wären sonst sicher Spuren davon gefunden worden. Man wird mit Pützen, aus der hinteren Bilge des Schiffes, gelenzt und das Wasser durch den Spülkasten in der Kastellwand an Steuerbord abgegossen haben.

DER BALLAST

Wie bei jedem frachtfahrenden Segelschiff wurde auch bei der Kogge das für die Stabilität notwendige Gewicht durch die Ladung, den Ballast oder durch eine Kombination von beidem ins Schiff gebracht.

Bei dem Koggenfund wurde weder im Schiff, noch in seiner Nähe, Ballast gefunden, doch man weiß aus anderen Funden, daß Ballast damals hauptsächlich aus Steinen bestand. Da größere Steine das Ein- und Ausladen erschwert hätten, nahm man hauptsächlich kopfgroße oder kleinere Steine.

Nach Berechnungen der TU Berlin benötigt die Kogge 25 Tonnen Ballastgewicht. Zur Feststellung des Raumbedarfs stellte unser Mitarbeiter Reinhard Ziermann Berechnungen an und bestätigte sie durch einen kleinen Versuch. Mit kleinen Steinen, einem Kochtopf, Wasser und einer Waage ermittelte er das Gewicht eines Kubikmeters gleich großer Steine zu 1,54 t. Durch überlegte Vermengung größerer und kleinerer Steine, also Ausfüllung der Zwischenräume, ließ sich das Gewicht eines Kubikmeters *Klamotten* auf 1,76 t steigern - demnach benötigten wir für 25 t Ballast einen Raumbedarf von 14,2 m^3.

Damit die Steine im Schiff nicht verrutschen können, wurden 16 Fächer mit Längs- und Querschotten aus 80 mm starkem Fichtenholz über dem Schiffsboden eingebaut. Das Gesamtvolumen dieser Fächer beträgt 19,4 m^3. Nach Abzug von rund 4 m^3 für die darin enthaltenen Bauteile wie Kielschwein, Mast, Schotten und Schächte für die elektrischen Bilgenzpumen, blieben rund 15,5 m^3 an reinem Stauraum für den Ballast, so daß noch eine Reserve verbleibt. Das Hauptgewicht wurde in der Schiffsmitte konzentriert und zwar so, daß die Kogge etwa 20 mm im Gatt liegt. Über die Steine wurde eine Abdeckung aus Fichtenholzbohlen gelegt.

Die Steine wurden von Feldern im Dänischen Wohld geholt - die Landwirte hatten nichts dagegen, daß wir sie davon befreiten. Das Stauen im Schiff - die Steine gingen von Hand zu Hand - war Knochenarbeit für *Alle Mann*!

EINBAU DES BRATSPILLS

Während die Arbeiten am Deck noch liefen, konnte das Bratspill schon auf dem Decksbalken 5 eingebaut werden. Es ist in zwei "Bratspillwangen" gelagert, Pfosten von 3,9 m Länge, 450 mm Breite und 130 mm Dicke, die an ihrer Hinterkante gerade und vorn treppenförmig ausgeschnitten sind. Bei Betrieb des Spills kann auf diese "Treppenstufen" ein Querriegel zum Abstoppen der Spillspaken gelegt werden. Die Spillwalze ist mit 300 mm starken abgesetzten Zapfen in etwa 90 mm tiefen Löchern in den Wangen gelagert. Zunächst wurde die eine Wange eingebaut, dann die Walze mit ihrem Zapfen eingesetzt und darauf die zweite Wange dagegengesetzt. Die Wangen wurden an die Decksbalken und an das Querknie auf Decksbalken 5 gedübelt; unter Deck stoßen sie auf den Innenplankengang 5. Ihre Höhe über Deck beträgt 2,10 m. An der vorderen Oberseite sind zwei Ausklinkungen für den ersten querlaufenden Decksbalken des Kastelldecks ausgearbeitet. Das Kastelldeck liegt ebenfalls 2,10 m über dem Oberdeck. Die Spillwalze wurde mit dem Kran auf das von der Plane nicht bedeckte Vorschiff gehievt. Von da ließ es sich auf den bereits verlegten Decksbalken leicht nach achtern rollen. Als Schmierhilfe für das Spill bohrten wir von außen zwei Löcher in die Lagerschalen und füllten sie mit Schmierseife, so läßt sich das Spill erstaunlich leicht drehen.

Aber jetzt wollten wir auch wissen, was unser Spill leisten kann. Ein Zugmesser wurde besorgt und - natürlich - Wetten abgeschlossen. Die Vorstellungen gingen von einer bis zu 5 Tonnen. Um das Letzte herauszuholen, wuchteten zwei Mannschaften um die Wette: die Sieger holten tatsächlich 2,5 t. Das ist das Gewicht eines Folkebootes mit drei Mann Besatzung und Urlaubsproviant für drei Wochen.

Abb. 48: Das eingebaute Bratspill.

DAS RIGG

Mit dem Rigg der Kogge begeben wir uns auf weitgehend unbekanntes Gebiet, denn es gibt dafür so gut wie keine gültigen Unterlagen. Eine gewisse Hilfe können Bilder aus einer späteren Zeit sein, die allerdings keine Koggen, sondern deren Nachfolgetyp, die Holk, darstellen. Die Holk war ein zwei- oder auch dreimastiges Schiff, dessen Rahsegel denen der Kogge ähnlich waren. Über das Koggerigg selbst geben zahlreiche Stadtsiegel mit genauer Datierung einige Auskunft, so das Stralsunder Siegel von 1329, das von Elbing, 1242, von Danzig, 1400, und das Siegel von Kiel aus dem Jahre 1365, um nur einige zu nennen. Auf allen diesen Siegeln sind die gemeinsamen Merkmale des Koggerumpfes so einheitlich dargestellt, daß man keinen Zweifel an der genauen Wiedergabe haben kann. Diese Merkmale waren die gerade aufragenden Steven, das Heckruder, die Klinkerbeplankung, die durchgehenden Decksbalken und die einmastige Takelage mit einem Rahsegel. Der Koggefund hat die Richtigkeit der Darstellungen des Rumpfes bestätigt, und so dürfen wir davon ausgehen, daß auch die Darstellungen der Takelagen zutreffen. Der Mast ist auf diesen Siegeln durch ein oder zwei Vorstage, auf einigen auch durch Achterstage, und durch Wanten abgestützt, wobei auf jüngeren Darstellungen die Wanten "ausgewebt", zur "Strickleiter" gemacht waren. Die Siegel geben aber keine Auskünfte über die Abmessungen des Riggs, die Mastlänge, die Länge der Rah, oder über die Segelfläche, denn das Mittelalter kannte keine maßstabsgetreuen Darstellungen.

Mit der wahrscheinlichen Gestalt und der Leistungsfähigkeit eines Koggeriggs befaßt sich die Diplomarbeit des Schiffbaustudenten Ingo Clausen beim Institut für Schiffbau der Universität Hamburg. Auf der Kutterwerft Modersitzki in Maasholm/Schlei, der Heimat von Clausen, wurde ein Blockmodell 1:25 angefertigt, und das Rigg wurde von Dipl. Ing. Hoheisel nach einer Takelanweisung des Italieners Timbotta entworfen. Diese Anweisung wurde zwar erst um 1450 geschrieben und bezog sich auch nicht auf die Kogge, doch kann bei der langsamen Entwicklung des damaligen Schiffbaues davon ausgegangen werden, daß die Maßverhältnisse in dieser Anweisung in etwa auch auf ein früheres Schiff zutreffen können.

Danach wäre der Mast der Kogge 25 m lang, wobei nicht klar ist, welche Länge gemeint ist: Die Gesamtlänge, die Höhe bis zum Scheibgatt oder die Höhe bis zum Ansatzpunkt der Wanten? Dieser Punkt liegt 22 m über dem Kielschwein, und etwa 1,5 m darunter läge das Scheibgatt. Das Segel sollte quadratisch sein mit einer Seitenlänge von 14,2 m, also 201 m^2. Auf Anraten von O. Crumlin-Petersen wurde die Länge des Oberlieks, durch Verzicht auf je eine Bahn außen, auf 13,4 m reduziert.

Das Segel wird weiter unten genau beschrieben.

Abb. 54 und 55: Die Siegel der Städte Elbing (links) und Stralsund.

DIE "VIOLINE"

1 1/2 m unter dem Stevenkopf ist die 2,7 m lange Violine angebracht. Sie ist nicht mehr als 55 mm dick, und das bei einer Breite von 600 mm. Über ihren Zweck gibt es nur Vermutungen. Etwa das an der Einschnürung oberhalb der runden Fläche Blöcke angebracht waren, durch die die Bulinen liefen. Sie kann aber auch eine Stütze für Seeleute, die im Bereich des Vorstevens zu arbeiten hatten, gewesen sein. Als Konstruktionsteil eines Vorderkastells kann sie nicht gedient haben.

DER MAST

Im Herbst 1988 fand unser Holzhändler im Jægersborgskov, nördlich von Kopenhagen, auf der Insel Seeland eine kerzengerade, kräftige, etwa 30 m hohe Lärche mit einem Stammdurchmesser von über 1 m am Fuß. Wir wissen nicht, ob die Koggenbauer von

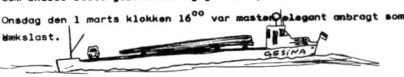

DAS RIGG

Diesen Brief schickte der dänische Holzhändler - er war sichtlich begeistert von dem, was dem Stamm bevorstand und bewachte höchstpersönlich das Laden in Nykøbing.

1380 für ihre Masten auch Lärchen verwendeten, doch spricht einiges dafür. Außer Lärchen können auch Fichten oder Tannen so gerade gewachsen sein, doch ist die Dauerhaftigkeit und Wetterbeständigkeit dieser Hölzer sehr gering. Laubbäume, z.B. Buchen, kämen schon aus Gewichtsgründen nicht in Betracht. Wir hätten natürlich am liebsten einen Spruce-Mast gebaut, aber das ließ die historische Echtheit nicht zu, denn Spruce ist eine kanadische Fichte, die es bei uns im Mittelalter nicht gab.

Der Baum wurde für gut befunden und mit Genehmigung des dänischen Forstministeriums gefällt. Der 27 m lange Stamm mit 6,41 m^3 kam mit dem holländischen Küstenmotorschiff GESINA nach Kiel. Am 1. Februar 1989 wurde er von der Lindenau-Werft in Kiel-Pries mit einem kleinen Arbeitsboot zur nahegelegenen Rathje-Werft verholt und im Wasser vermurt. Dort lag er bis zum Juni 1990, 16 Monate lang - 24 wären uns lieber gewesen -, und wurde während dieser Zeit regelmäßig gedreht, um gleichmäßig bewässert zu werden. Dann brachten wir den Stamm in eine Halle der Werft und begannen mit dem Bau des Mastes.

Die nasse Lagerung hat mehrere Vorteile: An Land wird kein Platz benötigt, der Stamm wird nicht von Pilzbewuchs befallen und vor allem, die Gefahr des Reißens wird verhindert, weil das Wasser mit der Zeit in das Holz eindringt und einen Teil des Saftes verdrängt. Wenn der Baum dann an der Luft getrocknet wird, gibt er die in ihm befindliche Feuchtigkeit ziemlich gleichmäßig ab. Bei Lagerung an der Luft würde der Stamm außen sehr viel schneller austrocknen als im Inneren, es würden sich Spannungen auf der Oberfläche aufbauen, was Rißbildungen verursacht.

In der Halle wurde der Baum zunächst entrindet, wobei sich ein fürchterlicher Gestank ausbreitete, denn die Borke war von Muscheln und Pocken dicht bewachsen. Aber sie ließ sich leicht entfernen. Darunter kam ein astreines Stammende von etwa 7 m Länge zum Vorschein, darüber wurden die Äste immer zahlreicher- die Lärche ohne Äste wurde noch nicht gezüchtet!

Und nun ging es an die eigentliche Bearbeitung.

Nach den langen Monaten im Wasser, inzwischen war es Sommer geworden, wurde der 26 m lange und 3,5 t schwere Stamm in der Halle aufgepallt. Dabei kam es entscheidend darauf an, daß er schnurgerade lag, denn nur so konnten die Flächen, Vorstufen für die endgültige runde Form des Mastes, korrekt bearbeitet werden. Dann wurden die Hirnenden des Stammes abgeschnitten und der untere und der obere Mastdurchmesser als Quadrat auf den Hirnflächen aufgerissen.

Thomas Schlüter und Gerd Steinbrück arbeiteten die oberen Flächen des zukünftigen Achtkants mit einem breiten elektrischen Zweimannhobel plan. Dabei kontrollierten sie laufend mit Wasserwaage und Leisten, ob die Fläche ganz gerade und ohne jegliche Verdrehung entstand. Das so entstandene quadratische Vierkant hatte keine scharfen Ecken; um aus dem Stamm einen maximalen Umfang herauszuholen, der vor allem im oberen Bereich sehr wichtig ist, hatten wir noch die Baumkante stehen lassen.

Am Topp ist der Mast nur 200 mm stark, am Fuß hingegen stolze 660 mm. Lieber hätten wir ihn oben etwas stärker und unten etwas dünner gehabt, doch auch die Kollegen im Mittelalter werden ähnliche Wünsche gehabt haben, die ihnen ebensowenig in Erfüllung gingen wie uns 600 Jahre später.

Nachdem der Stamm auf 25 m winklig abgeschnitten worden

war, wurde auf den vier Flächen mit Schnurschlag die Mitte angerissen, dann jeweils 1/5 des Gesamtdurchmessers zu beiden Seiten aus der Mitte angerissen und mit Schnurschlag oder Richtscheit verbunden. Dies wurde ausgehobelt, und ein geometrisch fast exakter Achtkant mit verschwindend geringen Ungenauigkeiten war entstanden.

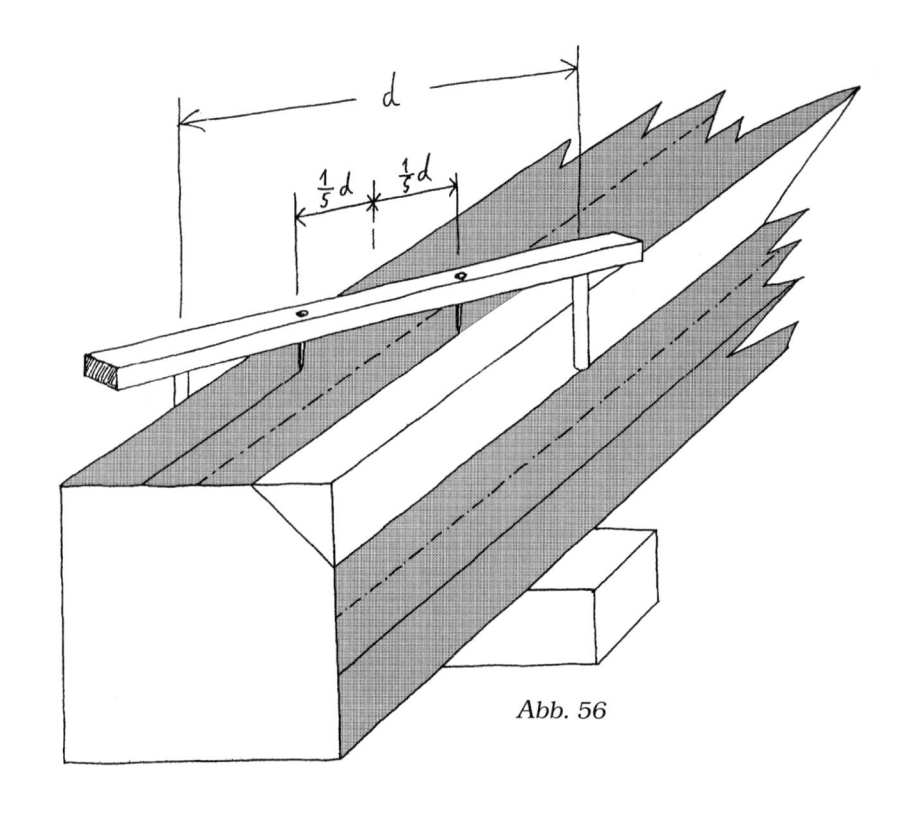

Auf den meisten historischen Abbildungen ist am oberen Ansatzpunkt eine Verdickung des Mastes zu erkennen, der "Hommer", der auch zur Aufnahme des Scheibgatts, der Durchbrechung für die Fallscheibe, dient. An dieser Stelle, 22 m über dem Kielschwein, war leider unser Mast nicht dick genug, wir mußten uns daher eines Kunstgriffes bedienen: Über eine Länge von 2 m füllten wir die Flächen des Achtkants mit ausgesuchtem Lärchenholz auf, so daß ein vollholziger Vierkant entstand, dessen Ecken geleimt wurden. Auf diese Seitenflächen wurden die "Kälber" gesetzt, zwei Eichenbohlen von 50 mm Dicke, 300 mm Breite und 1,8 m Länge. Unten sind sie um 20 mm eingelassen und verjüngen sich auf eine Breite von 250 mm. Diese Kälber nehmen die nach unten wirkenden Zugkräfte der Wanten und Stage auf. Quer auf den oberen Hirnkanten der Kälber liegen "Wantkissen", Eichenhölzer von 500 mm Länge und einem Querschnitt von 50 mal 80 mm; ihre äußere Oberkante wurde gut abgerundet, um einen scharfen Knick in den Wanten zu vermeiden und um die Hirnkanten der Kälber vor eindringender Feuchtigkeit zu schützen.

Das Scheibgatt mit der Fallscheibe wurde erst eingearbeitet, als die endgültige Position nach Versuchen mit stehendem Segel festlag. Die Fallscheibe ist aus Pockholz (unhistorisch) gefertigt, 280 mm Durchmesser, Stärke 50 mm.

Oberhalb und unterhalb des Hommers wurde nun der Mast zum 16-Kant gearbeitet. Dazu wurde jede Teilfläche des Acht-

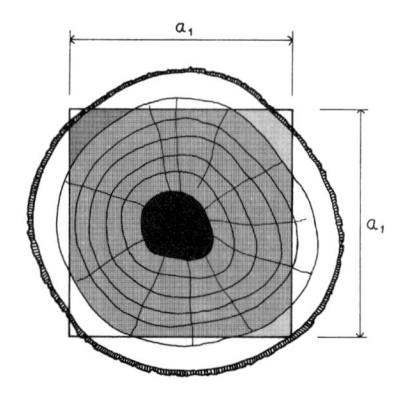

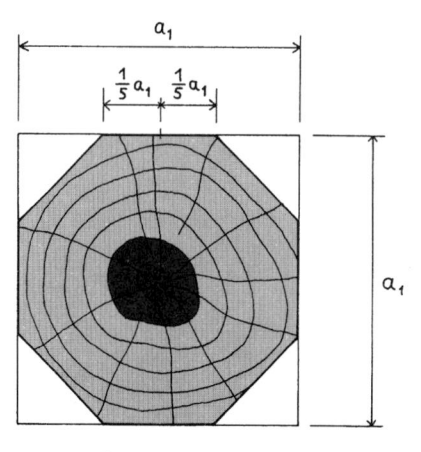

Abb. 56

Abb. 57

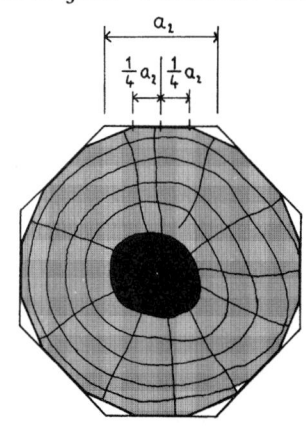

kants geviertelt und von außen abgesetzt, aufgerissen und ausgehobelt. In gleicher Weise entstand aus dem 16- das 32-Kant. Jetzt war der Mast schon fast rund; die noch erkennbaren Ecken konnten nach Augenmaß abgeputzt werden. Am Mastfuß wurde der Spurzapfen ausgearbeitet. Dessen Abmessungen von 480 x 300 mm waren durch die im Kielschwein bei der alten Kogge vorgefundene Mastspur vorgegeben.

DAS MASTKREUZ UND DER FLÖGEL

Auf den Topp des Mastes wurde dann der Flögel und das Mastkreuz gesetzt, wie wir es aus vielen Siegeldarstellungen kennen. Das Kreuz galt als Zeichen der "christlichen Seefahrt" und als Ausdruck friedlicher Absichten (allerdings symbolisierte es auch die Gerechtigkeit kriegerischer Auseinandersetzungen, wenn man seiner Sache sicher zu sein glaubte). Ein solches Kreuz mußte selbstverständlich auch unser Schiff zieren, und wir haben es dem Kreuz auf dem Kieler Stadtsiegel von 1356 nachempfunden. Unter dem Kreuz zeigt der Flögel woher der Wind weht. Der Flögel trug die Farben der Heimatstadt des Schiffes. Unser Mitarbeiter Reinhard Ziermann nähte ihn in den Farben Weiß über Rot, den Farben der Hanse und der Stadt Kiel.

Bei der Anfertigung dieses Symbols trat wieder unser Schmied in Aktion und baute einen Toppbeschlag aus Kupfer. Zunächst fertigte er einen Topf oder "Hut" von 195 mm Durchmesser und 5 mm Wandstärke. Eine 1,5 m lange Stange wurde durch den Topf gebohrt und am unteren Ende vierkantig angespitzt. Oben wurde sie im Feuer auf 300 mm Länge zu einer 40 mm weiten Gabel gespalten, und in diese "Stimmgabel" wurde das Kreuz genietet.

Auf den leicht konvexen Topfboden, die Oberseite dieses Beschlages, setzte der Schmied rund um die Stange vier konisch geformte Stege aus Kupfer, wodurch ein gutaussehender Übergang zur Stange geschaffen wurde. Außerdem steifen sie die Stange gegen Verbiegen ab und machen sie gegen Vibrationen widerstandsfähig. Über diese Stege wurde eine Scheibe gelötet, auf der eine Holzkugel lagert. In eine auf der Kugel eingearbeitete Hohlkehle wurde ein 5 mm -Draht gelegt. Er verläuft über eine weiter oben liegende Kugel und ist darüber im rechten Winkel abgeknickt. An diesem Ende ist die Oberkante des Flögels fest, so daß er auch bei Flaute nicht traurig herunterhängt. Wir wissen nicht, ob die Rigger und Takler im 14. Jahrhundert diesen Vorläufer des auch heute noch auf Yachten gefahrenen Verklickers kannten, sicher ist aber, daß es diese Stange mit Scheibe und Kugeln gab; sie ist auf einer Reihe von Siegeln deutlich zu erkennen.

DIE MASTFISCHUNG

Nun mußte noch die Mastfischung im Deck eingebaut werden, bevor der Mast gestellt werden konnte. Wie bei der alten Kogge bildete auch bei uns der Schloßbalken die Grundlage für diesen Bauteil.

Unser Schloßbalken hatte die Abmessungen 300 x 400 mm. Er war somit um 140 mm breiter und 240 mm höher als der des Originals. Wir hängten zwei Balken von je 300 x 300 mm Stärke in den Falz der mittleren Längsdecksbalken und setzten noch einen ebenso dicken Querbalken an den Decksbalken 3. Die Balken wurden überblattet. So entstand ein schönes Quadrat aus vier Balken.

Lotrecht über dem Mittelpunkt der Mastspur im Kielschwein riß dann unser Mitarbeiter Eddie Schmaljohann ein kreisrundes Loch auf diesen Balken auf und arbeitete es mit Motorsäge und Dechsel aus. Jetzt konnten die vier Teile mit Teer eingesetzt werden; die beiden Längsbalken wurden mit den Decksbalken und die vier Überblattungen miteinander verbolzt.

Abb 58: Mastkreuz mit Flögel in den Farben der Hanse

Abb 59: Mastfischung und Keile

Zwischen den Schloßbalken und den übrigen Balken bestand ein Höhenunterschied von 50 mm, der durch Eichenplanken ausgeglichen wurde, die wir auf Gehrung aufsetzten. Dadurch wurde die Naht der Überblattung überdeckt, und es entstand eine besonders gute Abdichtung, die außerdem gut aussieht. Die Kanten der Planken wurden auf 50 mm Breite abgeflacht, damit kein Wasser auf der Fläche stehenbleibt.

Diese Fischung gibt dem Mast einen festen Halt im Deck, wenn er durch Mastkeile von 40 mm Dicke, die immer wieder nachgesetzt werden können, verkeilt wird. Zur Abdeckung wird dann ein Stück Segeltuch um den Mast gezurrt. Es wird mit Takelgarn nach unten umgestülpt und unter die Fase der Mastkeile gezurrt. Dann wird das Ganze mit Leinöl imprägniert. Bevor es die heutige Wetterschutzbekleidung aus Kunststoffen gab, war das "Ölzeug" des Seemanns - mit Leinöl getränktes Textilgewebe - der Schutz gegen Wasser von oben und unten - kein besonders erfreuliches Bekleidungsstück, es war steif und scheuerte, und von Zeit zu Zeit mußte es wieder in heißem Öl getränkt werden. Wir können uns leicht vorstellen, daß sich auch der hansische Seemann etwas Ähnliches zum Schutz überzog oder sich wenigstens unter einer ölgetränkten Persenning verkroch.

DAS MASTSETZEN

Am 12. September 1990 wurde der Mast gestellt. Hierzu wurde er provisorisch geriggt: die Wanten und Stage wurden über die Kälber gelegt, das endgültige Aufriggen, auch des stehenden Gutes, erfolgte erst später. Ein Autokran - der große Kran der Werft war defekt - packte den 2,2 t schweren Mast mit einem Stropp unter dem Vierkant an und schwenkte ihn über das Mastloch, senkte ihn vorsichtig ab und - er paßte nicht hinein! Auf der Anlagefläche des Stemmbrettes waren zwei Ecken stehengeblieben, die mit dem Dechsel schnell fortgeschlagen werden konnten. Nun glitt der Mast glatt durch das Loch und fügte sich willig mit dem Spurzapfen in die Mastspur. Nach alter Schiffbauersitte legte ich, als Meister, dem dieses Vorrecht zusteht, einen silbernen Barbarossataler unter den Mastfuß. Sicher ist sicher, auch wenn wir da vielleicht "unhistorisch" waren. Glück und 5 cm Wasser unter dem Kiel braucht jedes Schiff - da darf man nichts versäumen! Das Mastsetzen wurde zu einer kleinen Feier, bei der der Vorsitzende des Vereins "Jugend in Arbeit" vier Schweißerzeugnisse und einen Gesellenbrief überreichen konnte. Die Fördermaßnahmen, Hauptanliegen des Vereins, hatten einen schönen Erfolg gebracht.

Ja, wenn man so einen Kran hat, dann ist das Mastsetzen ganz einfach. Aber, wie haben die Koggenbauer von 1380 das hinbekommen? Hier gibt es nur Vermutungen. Es wurde schon erwähnt, daß der Mast wohl schon vor dem Zuwassergehen der Kogge gesetzt worden war. Alle 14 Löcher der Rüstbalken waren mit Tauresten gefüllt, und man fand auch lose Juffern. Wir vermuten, daß der Mast mit seinem unteren Ende

Abb 60. Kleine Panne beim Mastsetzen: Der Mastfuß mußte mit dem Dechsel eingepaßt werden.

Abb 61: Die Rah besteht aus zwei Teilen, sie werden durch zehn Taklinge zusammengehalten.

über den Bug gehievt wurde, wohl mit Hilfe des Gangspills auf dem Kastell. Der Mast wurde dann, oben gehalten zwischen Steven und Seitensteven, durch die mittlere Decksöffnung abgesenkt, bis er gegen die senkrechte Stützbohle auf dem Kielschwein stieß. Diese Bohle ist durch zwei in das Kielschwein eingekerbte Schrägstützen versteift, deren Sitz auffallend genau dem Winkel des nun schrägliegenden Mastes entspricht. Jetzt wurde der Mast auf den Vorsteven gehievt, wodurch er einen noch günstigeren Neigungswinkel bekam. Nun konnte der Masttopp mit den beiden Spills nach achtern geholt werden, wobei er natürlich seitlich immer geführt und gehalten werden mußte, wahrscheinlich durch die Wanten, die zunächst über den Setzbordstringer geholt werden konnten. Bei dieser Aufwärtsbewegung glitt der Spurzapfen des Mastes an der Stützbohle entlang und legte sich in die Mastspur. Wenn dann Stage und Wanten durchgeholt und gesetzt waren, wurde der Schloßbalken hinter die Aufkeilung der mittleren Decksbalken gelegt und verdübelt. Jetzt konnte nichts mehr passieren. 1962 wurde dieser Schloßbalken gefunden, und zwar an der Stelle fest verdübelt, an die er nach Setzen des Mastes gehörte, ein zwingender Hinweis darauf, daß der Mast schon gestellt war.

Die Rah

Zugleich mit dem Mast wurde die Rah angefertigt. Auf einigen zeitgenössischen Abbildungen und Stadtsiegeln erkennen wir Rahen, die aus zwei Teilen zusammengelascht sind. Der Grund dafür mag gewesen sein, daß für eine solche Rah weniger lange, starke Stämme benötigt wurden. Es gibt aber auch Darstellungen mit einer einteiligen Rah. Die Bauaufsicht beim Deutschen Schiffahrtsmuseum, für die historische Treue unseres Baues verantwortlich, entschied sich für eine aus zwei Teilen zusammengelaschte Rah, obwohl die beiden für die Segelversuche vorgesehenen Schiffsführer eine einteilige Rah vorgezogen hätten.

Die Rah ist 14,6 m lang. Ihr Durchmesser entspricht den Bauvorschriften des G.L. für hölzerne Seeschiffe (Takelungen) und beträgt 240 mm im mittleren Bereich und 140 mm an den Nocken (s. Heinsius, S. 137). An jeder Nock wurde ein 300 mm langer und 25 mm tiefer Absatz abgesetzt. Die Überblattung wurde auf 8 m festgelegt.

Zwei schöne, engringig und gerade gewachsene Lärchenstämme wurden, wie beim Mast beschrieben, zum Vierkant gearbeitet. Dabei traten - nicht zum ersten Mal - Handsäge und Dechsel in Aktion; die Motorsäge war wieder einmal ausgefallen. Die Überblattungen wurden eingeschnitten und die Enden konisch gesägt. Beide Teile wurden mit 8 Holzdübeln von 30 mm Durchmesser gegeneinander fixiert, dann achtkantig aufgerissen und ausgearbeitet, wie beim Mast, bis die Spiere rund war.

Abb 62: Das Kugelrack mit seinen Schlieten, an die mittlere Schliete sind Rack-Auf- und Niederholer gespleißt. Rechts das feste Ende des Großfalls (Hahnepot), davor eines der 52 Bändsel, mit den das Segel an der Rah angeschlagen ist.

DIE KIELER HANSEKOGGE

Abb 63. Führung der Stroppen für die Taljereeps der Wanten.

Zehn Taklinge, jeweils etwas breiter als der Durchmesser der Rah an der betreffenden Stelle, halten die Rah zusammen und werden das Gewicht des Segels und die vom Segel ausgeübten Kräfte aufnehmen. Auf Rat des Taklers des nahegelegenen British-Kiel-Yacht-Clubs, der uns mit seiner großen Erfahrung schon öfter freundschaftlich geholfen hatte, fertigten wir die Taklinge folgendermaßen: Die drei Kardeele des 12 mm-Polyhanftauwerks wurden aufgemacht, einzeln zu einer etwa 1,2 m langen Schlinge genommen und auf die Rah gelegt. Es blieb ein loser Part übrig. Mit dem Anfang des nicht geöffneten Endes wurde der erste Törn um die Rah gelegt, mit einem Knebel nachgedreht und mit einem Gummihammer nachgeschlagen, so daß auch der letzte Reck noch herausgeholt wurde. Das wiederholten wir bei den etwa 25 Törns, bis wir an dem vorher gelegten Auge angekommen waren. Nun wurde der Tampen durch das Auge gesteckt und mit einem Kupfernagel fixiert. Der letzte Part wurde mit einer Talje durchgeholt; drei Mann zogen aus Leibeskräften, bis das Auge mit dem Tampen verschwand und fast am Anfang des Taklings wieder herauskam. Der lose Part wurde nun abgeschnitten und der durch den durchgeholten Tampen gebildete kleine Buckel mit dem Gummihammer plattgeschlagen - fertig war ein wunderschöner, knotenreiner Takling von überzeugender Festigkeit und Härte, der auch unseren Kapitänen ihre Sorge nehmen wird! Unser Mitarbeiter Roy Brommann tränkte ihn dreifach mit gutem Leinöl. Nun sahen unsere Taklings aus, als wären sie vor 600 Jahren gemacht worden.

Die fertige Rah wiegt 300 kg. An den abgesetzten Nocken werden die Brassen angreifen, schräg zum Deck hinunterlaufende Taue, mit denen der Winkel der Rah zur Schiffslängsachse eingestellt wird. In der Mitte der Rah greift das von oben aus dem Scheibgatt kommende Fall an, das mit einem Webeleinstek an der Rah angeschlagen wird. Am Mast wird die Rah durch das Rack gehalten.

Historisch belegt für Koggen ist das Bügelrack wie es auch die Wikinger fuhren, aber auch das Kugelrack. Das Bügelrack ist ein kräftiger, halbrunder Bügel aus Holz mit Löchern an den Enden, durch die jeweils ein Taustropp um

Abb 64: Das eingespleißte Vorstag auf den Wantkälbern, das Material sieht nur so aus wie Hanf, ist aber Polypropylen. Darüber die eingebundenen Wantenpaare.

DAS RIGG

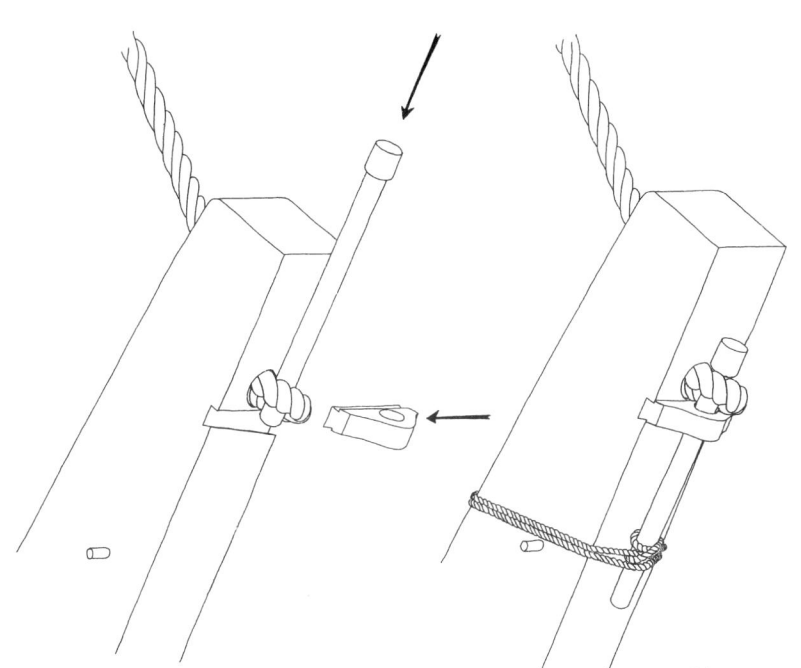

Abb. 65: Durch Drehen des Tauwerks gegen den Schlag (Rödeln) wird das Vorstag gespannt.

die Rah läuft und auf der anderen Seite des Racks befestigt ist.

Wir entschieden uns für das Kugelrack, doch soll auch später ein Bügelrack erprobt werden. Unser Kugelrack hat drei Reihen Holzkugeln, zwischen denen die *Schlieten* liegen, senkrecht stehende Bretter, die die Kugeln voneinander trennen und halten. Durch die 40 mm weiten Löcher in den Kugeln und Schlieten wird eine 200-mm-Leine geschoren und mit ihren Enden um die Rah verknotet.

Die Rah kann nun in senkrechter Richtung durch das Fall und in waagerechter Richtung durch die Brassen eingestellt werden und wird durch das Rack so am Mast gehalten, daß sie sich leicht bewegen läßt. Dazu muß der mit der Höhe kleiner werdende Mastdurchmesser berücksichtigt werden. Die Kugeln verringern die bei der Bewegung der Rah auftretende Reibung.

Am Rack greift ein Auf- und Niederholer an, mit dem das Rack beim Heißen und Fieren der Rah beengt wird, wenn es am Mast klemmt.

DAS STEHENDE GUT

Auf den meisten Stadtsiegeln ist das stehende Gut einer Kogge zu erkennen, freilich in verwirrender Mannigfaltigkeit ...

Bei dem überaus lebendigen Rätselraten darüber, an dem sich neben Herrn Hoheisel vor allem die beiden vorgesehenen Kapitäne, die Herrn Teerling und von Bosse (beide mit großer Erfahrung auf Rahseglern), beteiligten, machte die Anzahl der Wanten besonderes Kopfzerbrechen. In den Rüstbalken der Bremer Kogge wurden, wie schon erwähnt, 14 Löcher mit Tauwerksresten gefunden. Das ließ auf sechs Wantenpaare - je Want zwei Löcher - schließen. Weil jedoch keine Kogge mit sechs Wanten bekannt ist, entschied sich die Bauaufsicht für drei Wantenpaare, mit je vier Löchern für die Stroppen.

So wurde zunächst geriggt, doch zeigte sich dabei, daß die Verteilung und Führung der Stroppen so nicht befriedigend zu lösen waren. Wir gingen nun über zu vier Wanten mit drei Löchern je Want. Mit dieser Lösung gingen wir in die Segelversuche, aber ob dies die endgültige Lösung ist, ist nicht sicher. Möglicherweise kommt man doch noch auf sechs Paare, für die insofern eine hohe Wahrscheinlichkeit spricht, als die Bremer Kogge einem End- und Höhepunkt einer Entwicklung entspricht, die wenige Jahrzehnte später zu Ende ging.

In den noch verbleibenden zwei Löchern wird auf jeder Schiffsseite ein zusätzliches loses Want gefahren. Es wird beim harten Anbrassen der Rah auf der jeweiligen Leeseite losgeworfen, bzw. ausgehakt. Diese vor den festen Wanten angreifendend losen Wanten werden nicht durch Jungfern, sondern mittels eines durch eine eiserne Triangel mehrfach geholten Stropps auf Spannung gebracht.

Einfacher war die Entscheidung bei den Vor- und Achterstagen. Hier war zwischen einem oder zwei Vorstagen und einem, zwei oder keinem Achterstag zu wählen. Entscheidung der Bauaufsicht: Ein Vorstag, was dem Befund auf der Kogge am meisten entspricht, und kein Achterstag. Sollten sich später doch Achterstage als nötig erweisen, würden sie an den oberen Enden der beiden Bratspillwangen angreifen. Doch sämtliche Wanten zeigen in mehr oder weniger großem Winkel nach achtern, wie die Pardunen eines heutigen Rahseglers. Auch das nach achtern auf das Bratspill laufende Fall des Segels übt einen starken Zug nach hinten aus.

Für das Vorstag wählten wir ein 45 mm starkes dreischäftiges Kunststofftau, das, anders als die Wanten, innen keine Drahtverstärkungen hat. Das könnte verwundern, hat doch das Vorstag beim Segeln am Wind und bei halbem Wind viel zu tragen. Aber die Spannung des Stags wird nicht wie die der Wanten durch Jungfern, sondern durch Rödeln hergestellt, und dabei könnten die Metallseelen in den Kardeelen durch das gewaltsame Zusammendrehen des Taues Schaden erleiden, mit der Folge einer unkontrollierten Veränderung der Festigkeit.

Rödeln bedeutet hier das Zusammendrehen des Taues im Sinne des Kardeelschlages, wodurch es sich verkürzen und damit auf eine sehr hohe Spannung bringen läßt. Hier haben die Koggenbauer eine bewundernswert intelligente Lösung gefunden. In die beiden Enden des Vorstages wird ein Auge eingespleißt. Das obere Auge wird wie die Wanten über den Hommer gelegt, und das Auge am unteren Ende durch eine konische Bohrung im Vorsteven gesteckt. An der Außenseite des Stevens hat die Bohrung einen Durchmesser von 93 mm und verjüngt sich bis zum Austritt im Innensteven auf 88 mm. Diese doch nicht einfach herzustellende konische Bohrung muß einen Sinn gehabt haben. Wir müssen vermuten, daß das Vorstag gespleißt und nicht eingebunden war wie die Wanten. Denn der Konus der Bohrung paßt sich der Gestalt eines Spleißes in einem Tau der oben erwähnten Stärke genau an.

Den Beweis dafür, daß das Stag gerödelt wurde, liefert eine besonders raffinierte Konstruktion am Vorsteven: Unmittelbar unter der Austrittskante der Bohrung für das Vorstag ist eine konische Gratnut eingearbeitet, in die ein gegrateter Riegel von der Backbordseite her eingeschoben wird und sich wie ein Kiel in den konischen Grat legt. Das eingespleißte Auge des Vorstags wird in die Bohrung geschoben und das Rödelholz, ein knapp meterlanges Rundholz von etwa 60 mm Durchmesser, durch das Auge gesteckt. Mit diesem Rödelholz wird das Stag in Richtung des Schlages so lange gedreht, bis die richtige Spannung erreicht ist. Dann wird das Rödelholz von oben in das Loch des Riegels gesteckt. Die Spannung des Taues will das Rödelholz zurückdrehen, was aber durch die konische Gratnut verhindert wird. Das Rödelholz wird dann noch am Vorsteven beigebändselt.

Ursprünglich war jegliches Tauwerk aus Naturfasern geschlagen. Drahttauwerk kam erst um die Mitte des vorigen Jahrhunderts auf, synthetisches in unseren Tagen. Zur Hansezeit war - der Fund beweist es - Hanftauwerk üblich. Soweit mit dem Verwendungszweck zu vereinbaren, wurde es zum Schutz gegen Verwitterung mit Teer getränkt. Wir konnten ein Kunststofftauwerk wählen, das in Aussehen und Griffigkeit dem Hanftauwerk sehr ähnlich ist. Es ist unempfindlicher gegen Feuchtigkeit und Bakterienbefall. Wo immer möglich, setzten wir dieses Tauwerk für das stehende und laufende Gut ein. Mit einer Metallseele - Kupfer- oder Stahldraht in den Kardeelen - ist es für das stehende Gut wegen seiner Zugfestigkeit bestens geeignet. Zu dieser unhistorischen Lösung entschieden wir uns aus Sicherheitsgründen. Dabei wurde auch das gegenüber Hanftauwerk unterschiedliche Reckverhalten, besonders bei Tauwerk mit Metallseele, in Betracht gezogen.

Das Segel

Gern hätten wir ein "historisches", ein Flachssegel gehabt. Aber wir mußten damit rechnen, daß sich bei den Versuchen noch Änderungen ergeben würden; wir betrachteten dieses erste Segel als ein Testsegel. Flachstuch wäre für diesen Zweck viel zu teuer geworden, und so wählten wir als Material ein Kunststoffgewebe, Duradon. Duradon ist ein Tuch aus England, das praktisch die gleiche Oberflächenstruktur und Dichtigkeit aufweist wie Flachstuch und auch ebenso aussieht, so daß die Versuchsergebnisse nicht verfälscht werden. Allerdings könnte es einen "gewichtigen" Unterschied geben, wenn das Segel durchnässt wird: Flachstuch nimmt mehr Feuchtigkeit auf und wird dann schwerer als Kunststoffgewebe.

Unser Segel ist weiß. Es gibt allerdings Hinweise darauf, daß die Koggen auch farbige Segel fuhren (Heinsius, S. 142). Auch das Kieler Siegel von 1356 zeigt deutlich farbige Muster. Vielleicht wird unsere Kogge später auch einmal ein farbiges Segel führen. Wegen der möglichen Änderungen haben wir die Gatchen, durch die die Reihleinen beim Anschlagen des Segels an der Rah und beim Anschlagen der Bonnets laufen, nicht wie in alten Zeiten von Hand eingenäht, sondern 18 mm Metallgatchen im Abstand von 120 mm in die Ober- und Unterlieken des Hauptsegels und der Bonnets geschlagen.

Ursprünglich sollte das Segel eine quadratische Form mit Seitenlängen von 14,4 m erhalten. Doch wurde es auf Anraten von O. Crumlin-Petersen um einen Meter schmaler gemacht. Die Segelfläche beträgt jetzt rund 192 m^2. Diese Fläche setzt sich aus vier Teilen zusammen: dem Hauptsegel mit etwa der halben Segelfläche und den drei Bonnets, die die andere Hälfte ausmachen. Die Ober- und Unterlieken messen 13,34 m, die Seitenlieken des Hauptsegels 7,2 m und die der Bonnets je 2,4 m, zusammen also 14,4 m. Das Segel ist aus 23 senkrechten Bahnen von 580 mm Breite zusammengenäht.

DAS RIGG

In seinem "Allgemeinen Wörterbuch der Marine" von 1794 beschreibt Röding das Bonnet als "Streif Segeltuch, womit man bei gutem Wetter den unteren Teil der Segel verlängert, damit sie Wind fassen" (Fr. Kluge, "Seemannssprache" von 1911, Kassel 1973, S. 116.). Mit Bonnets haben schon die alten Ägypter ihre Segelflächen dem Wind angepaßt. Auf Schiffssiegeln der Hansestädte erkennen wir zwei, drei oder vier Bonnets; wir entschieden uns für drei. Die Bonnets werden untereinander an das Segel "angehäkelt". So können sie schnell abgenommen werden; das Anbringen dauert länger, aber dann hat man ja auch Zeit. Unter dem Oberliek des Hauptsegels laufen zwei Reihen von Bindereffs. Wenn beide Reffs eingenommen und die Bonnets abgenommen sind, stehen noch ungefähr 30 % der Gesamtsegelfläche.

Wie auf der Zeichnung zu erkennen, sind in die Seiten- und Unterlieken der Segel Lögel, Augen aus Tauwerk, eingespleißt. An die Lögel der Seitenlieken greifen die Bulinen an, mit denen das jeweils vordere Liek des Segels beim Segeln am Wind gegen den hochragenden Vorsteven steifgeholt wird, um dem Wind eine feste Eintrittskante zu bieten. Die Lögel an den Unterlieken nehmen die Gordings auf (s. unten). An den unteren Ecken der Segel greifen die Schoten und die Halsen an. Die Schoten halten die Ecken nach hinten fest, und die Halsen holen sie nach vorn-unten. Halsen und Schoten greifen am Segel an einem

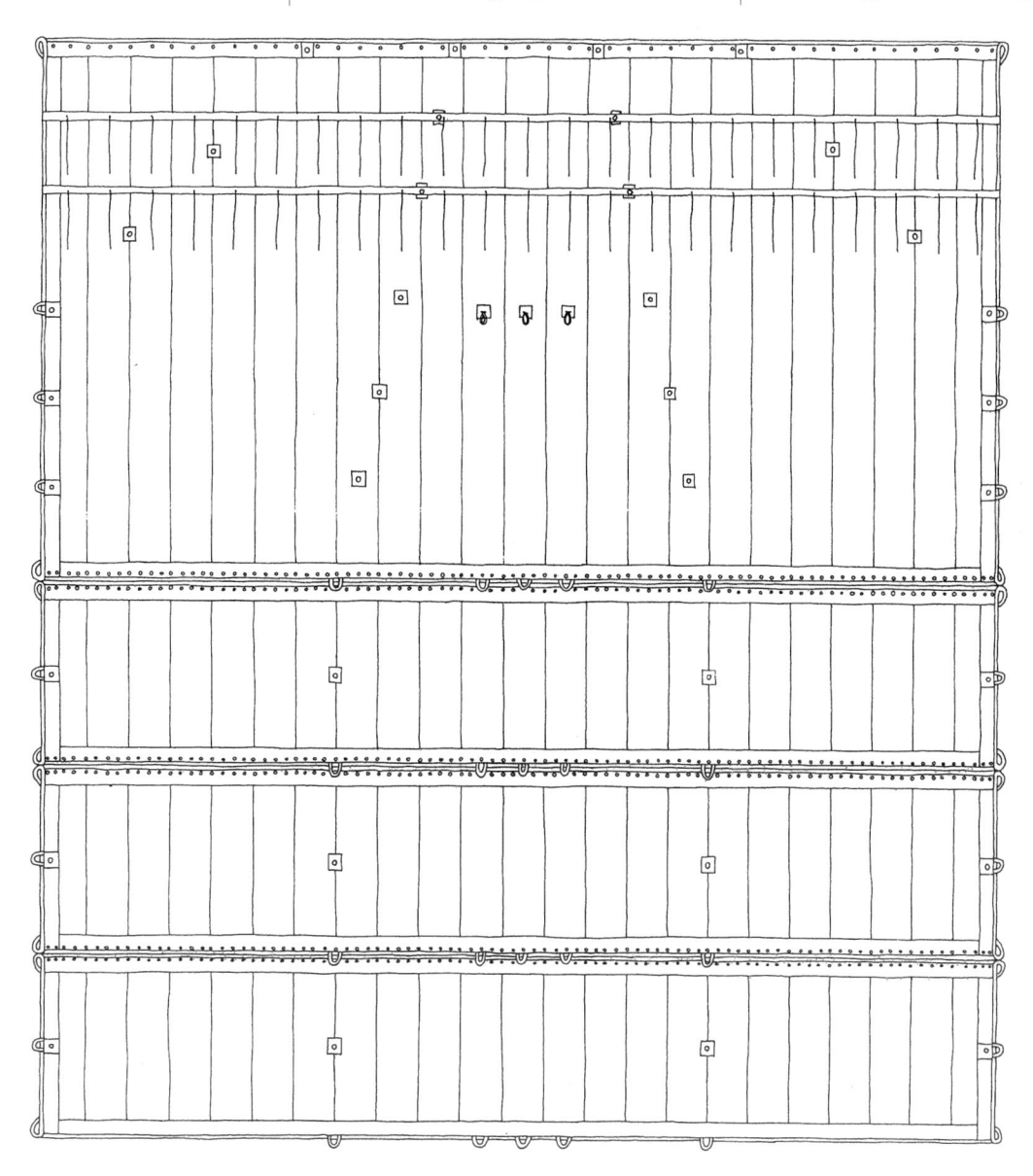

Abb 66: Das Koggensegel mit allen Details, Gesamtgröße knapp 192 m².

"Franzosen" an, ein mit Langspleiß an das Seiten- und Unterliek angespleißten Auge.

An die Unterlieken der Bonnets und des Hauptsegels, und an diesem noch einmal im unteren Drittel, greifen vier Mittelschoten an. Damit kann der Bauch aus dem Segel genommen werden, wenn das Segel am Wind oder bei halbem Wind möglichst flach stehen soll. Am Wind haben sie auch noch eine Sicherheitsfunktion: wenn nämlich der Wind plötzlich schralt oder das Schiff aus irgendeinem Grunde zu sehr anluvt, kann das Vorliek des riesigen Segels einklappen und backschlagen. Dem kann man durch schnelles Dichtholen der Mittelschoten begegnen.

An den Unterlieken des Hauptsegels und der Bonnets ist je eine Unterschot angebracht. Auch sie dienen zum Trimmen des Segels, man kann damit den Bauch aus dem Segel ziehen, es flacher machen. Die Unterschot greift mit einer Hahnepot am Unterliek an, wird lotrecht nach unten durchgeholt und am Setzbordstringer belegt.

GORDINGS

Die Darstellung von segelnden Koggen auf mittelalterlichen Stadtsiegeln erlaubt die Vermutung, daß es damals schon Gordings gegeben haben kann. Gordings sind Leinen, die das Segel vom Unterliek her zusammenraffen wie eine Gardine. Sie erleichtern die Handhabung des Segels und stellen ein wichtiges Element für die Sicherheit dar, weil sie ein unkontrolliertes Auswehen des Segels nach Loswerfen der Schoten und Halsen beim Segelbergen verhindern. In der älteren Seemannssprache heißen sie auch "Gürtels", was ihre Funktion gut erklärt. In einem seemännischen Wörterbuch von 1735 lesen wir unter "Gordings": "Taue, mit welchen man die Segel einzuholen, einzunehmen, zu dämpfen oder zusammenzuziehen pflegt, damit der Wind nicht so viel Macht daran haben möge." Aus Sicherheitsgründen entschieden wir uns für "Bauchgordings", von denen wir nicht wissen, ob sie auf Hansekoggen schon gefahren wurden. Außerdem müßten Schnürgordings, die andere Möglichkeit, immer neu geschoren werden, wenn ein Bonnet an- oder abgeschlagen wird - eine sehr nennenswerte Erschwerung der Bedienbarkeit des Segels.

Die Gordings laufen über die Vorderseite des Segels und ziehen es unter der Rah zusammen. Wir entschieden uns im Einvernehmen mit der Bauaufsicht zu vier Gordings, zwei mehr in der Mitte des Segels und zwei außen. Die äußeren Gordings laufen entlang der Seitenlieken der Bonnets und des halben Hauptsegels, von wo aus sie in schräger Richtung zur Rah geführt werden. Alle Gordings laufen durch Blöcke auf der Rah zu Leitblöcken am Mast oberhalb der Fallscheibe und hinunter zum Deck, wo sie auf der Nagelbank hinter dem Mast belegt werden. Die Gordingleinen werden auf dem Segel durch Klotjes geführt, das sind Ringe aus Pockholz, die mit 1,2 m Abstand auf das Segel genäht sind. Mit den Gordings können die Segel unter die Rah geholt werden; man kann aber auch die Rah bei festgesetzten Gordings einfieren und so das Segel zusammenziehen.

Aus den überlieferten Abbildungen ist zu entnehmen, daß der Seemann im Mittelalter rittlings auf der Rah arbeitete, wenn das Segel festgemacht wurde. Das wollten wir unserer Besatzung nicht zumuten. So erdachte Kapitän Teerling eine Methode zum Fest- und Losmachen der Segel von Deck aus, die wir weiter unten beschreiben.

Abb 67: Das geborgene Segel hängt in den vier Gordings

DAS ANKERGESCHIRR

Die Anfertigung des historisch richtigen Ankers der Kogge vertrauten wir dem Kieler Kunstschmied Kurt Lange an. Er berichtet darüber:

Wichtigster Hinweis auf den historischen Anker ist die eine Hälfte eines zweigeteilten, ca. 3,2 m langen Ankerstockes aus Eichenholz, die mit der Kogge gefunden worden war. Die notwendige Ausklinkung für den Ankerschaft war nicht vorhanden. Anhand der Größe des Ankerstocks läßt sich durch Vergleiche mit anderen Ankern auf eine Schafthöhe von ca. 3 m schließen.

Als weiterer Beleg kann ein in geringer Entfernung von der Bremer Kogge gefundener kleiner Anker dienen. Die Form und Material dieses Ankers erlauben eine Zuordnung zur Kogge, nämlich:
1. flach rechteckige Querschnitte des Schaftes (Verhältnis 6:10),
2. die Rippen zur Stockhalterung laufen in Richtung der Flunken,
3. kurze Flunken (H:B 2:1),
4. Loch für 2. Ring im Bereich des Flunkenkreuzes (ermöglicht bessere Handhabung, besonders beim Herausziehen aus dem Grund)
5. Das Material, aus dem der gefundene Anker bestand, waren kleine, feuerverschweißte Eisenstücke. Sie waren durch mehrfache Dopplung, Schweißung und Streckung zu einem homogenen Werkstoff geworden, dessen Struktur in den beiden äußeren Strängen des Schaftes deutlich sichtbar ist. Für die statisch weniger wichtige Mittelachse begnügte man sich anscheinend mit einem minderwertigem, bruchempfindlicheren Material. Die Flunkenplatten wurden auf die Arme, und die Arme einzeln an den Schaft geschweißt.

Die Schweißgrenzen sind durch die Korrosion gut sichtbar.

Ein interessantes Vergleichsstück fand sich im Deutschen Schiffahrtsmuseum Bremerhaven: Ein ca. 3,5 m hoher Stockanker, (Fundort Elbmündung/ohne weitere Zuordnung) der in Form und Maßen wie eine proportionale Vergrößerung des gefundenen kleinen wirkt.

Form, Abmessungen und Technik für den Hauptanker wurden auf Grundlage der oben gemachten Aussage gewählt.

Als Material wurde kohlenstoffarmes Eisen im Ausgangsquerschnitt m 120 mm verwendet. Aus diesem Ausgangsmaterial wurden die Stücke für die einzelnen Teile abgetrennt und geschmiedet, nämlich der Schaft, zwei Arme, zwei Platten, und zwei Ringe. Zusammengefügt wurde durch Feuerschweißung. Brauchbare Ausformungen der Verbindungsstellen konnten mit Hilfe von Probestücken gefunden werden. Hierbei mußte der starke Abbrand beim Erwärmen auf Schweißtemperatur, ca. 1300°, sowie die Quer-

Abb. 68. Der fertige geschmiedete Anker, noch ohne Stock.

schnittsverformung beim Zusammenschmieden berücksichtigt werden.

Die größtem technischen Schwierigkeiten boten die Feuerschweißungen. Schaft und Flunk mußten unabhängig von einander in zwei verschiedenen Feuern auf "Hitz" gebracht werden. (30 Minuten konzentrierte Feuerhaltung). Dann mußten die schweren Teile innerhalb kürzester Zeit zum Krafthammer gebracht, aufeinandergepaßt und verschweißt werden. Überflüssiges Material wurde abgespalten und das Loch für das untere Auge geschlagen.

Technische Daten:
Höhe ca. 2,8 m, Breite ca. 1,6 m, Schaft 10 x 6 cm (leicht nach oben verjüngend).
Platten (dreieckig) ca. 33 cm lang, 33 cm breit, 2 cm dick.
Ringe: oben Ø 47 cm,
Material Ø 4 cm,
unten: Ø 30 cm, Material Ø 3 cm
Gewicht: ca. 200 kg
Arbeitszeit: ca. 160 Std., zeitweise mit 4-5 Mann, denn zur sicheren Führung des Ankers waren allein drei Mann notwendig.

Wichtige Hilfsmittel: mechanischer Hammer, zwei große Schmiedefeuer, 20 Zentner Kohle, drehbarer Kran mit Flaschenzug, schwere Vorschlaghämmer.

Der Anker ist ein Beleg für hohen technischen Standard der Metallverarbeitung und Schmiedekunst im Mittelalter.

Eine Herstellung ohne wassergetriebene Fallhämmer scheint ausgeschlossen. Die kleinen Beianker, von denen die Kogge mindestens vier geführt haben wird, waren wohl die obere Grenze dessen, was noch in Handarbeit hergestellt werden konnte. Nur wenige Spezialwerkstätten aber dürften in der Lage gewesen sein, einen großen Schiffsanker zu schmieden. So spricht einiges dafür, daß derartige Anker -insbesondere wegen des teuren Rohmaterials- wertvolle Handelsobjekte waren."

Dieser historische Anker ist wegen seiner Größe und Sperrigkeit schwer zu handhaben. Er wird bei den Versuchen selbstverständlich erprobt werden, da wir alles über die Führung und das Manövrieren der Kogge wissen wollen. Als "Gebrauchsanker" wählten wir einen Stockanker von 80 kg und einen leichten Stromanker. Das sind erheblich weniger Anker als im Alterum und im Mittelalter gefahren wurden; es heißt, eine Hansekogge habe acht Anker unterschiedlicher Größe an Bord gehabt.

Der historische Anker bekommt eine 45 mm starke Hanftrosse von 150 m Länge, der Stockanker erhält eine 23 mm starke, ebenfalls 150 m lange, Kunststofftrosse. Die Anker können mit dem Bratspill gehievt werden, der historische Anker wird an der Steuerbordseite, der Stockanker an backbord, gefahren.

Abb 69: Ankerring im Schmiedefeuer

DIE SEGELEIGENSCHAFTEN DER HANSEKOGGE NACH DEN WINDKANALVERSUCHEN

Mancher Leser wird sich fragen, was eine Hansekogge im Windkanal zu suchen hat. Doch seit Jahren werden nicht nur Flugzeuge und Autos in Windkanälen untersucht, auch die moderne Schiffstheorie kommt ohne Windkanalversuche nicht mehr aus; denn vieles, was früher aufwendig in Schlepptanks ermittelt werden mußte, kann man im Windkanal einfacher haben. Insbesondere der Entwurf von Yachten und Segeln ist ohne solche Versuche heute nicht mehr denkbar.

Nach Rekonstruktion und Wiederaufbau in Bremerhaven waren von der Kogge wohl Form und Konstruktionsdetails bekannt, ein wichtiges Teil aber fehlte: der Mast, und gerade der hätte Aufschluß über Vieles geben können: Wie sah die Takelage aus; wie die Besegelung einer Kogge? Wie gut konnte das Schiff damit segeln? Wie hoch ging es an den Wind? Ab wann mußte gerefft werden?

Man kann zwar am Zeichentisch eine gut aussehende Takelage entwerfen, aber auf diese Weise nicht überprüfen, wie gut ein Schiff damit segelt. So war es also nötig, zunächst eine Takelage zu entwerfen, die die Historiker als realistisch für jene Zeit einschätzten, um dann mit dieser Takelung die Segeleigenschaften zu ermitteln.

Einige Anhaltspunkte für die Rekonstruktion waren trotz des fehlenden Mastes vorhanden, so zum Beispiel der Mastfuß auf dem Kielschwein; ferner ein "Rüstbalken" an der Beplankung mit zahlreichen Bohrungen, die festlegten, wohin die Wanten geführt wurden.

Diese Funde bestätigen die verbreitete Ansicht, daß eine Kogge im 14. Jahrhundert einmastig getakelt war, wie auch die zeitgenössischen Darstellungen dieses Schiffstyps z.B. auf Siegeln zeigen. Damit kann gleichzeitig davon ausgegangen werden, daß das Schiff ein einzelnes rechteckiges oder quadratisches Rahsegel geführt hat.

Zur Bestimmung der Mastlänge steht eine Takelungsanweisung des Italieners Timbotta aus dem Jahre 1445 zur Verfügung. Allerdings muß man hierbei berücksichtigen, daß die Kogge ca. 65 Jahre älter ist. Nach der Anweisung Timbottas brauchte eine Kogge "einen Mast, der viermal so lang war wie das Schiff von Bordwand zu Bordwand breit war. In bestimmten Fällen sei es aber gut, etwas mehr zu geben".

Dabei darf als Breite allerdings nicht die Breite des Schiffes über alles genommen werden, sondern es muß vielmehr mit einer Breite etwa in Höhe der Wasserlinie binnenbords gerechnet werden. Nach diesen Angaben müßte der Mast für die Bremer Hansekogge etwa 24 - 26 m lang sein.

Dementsprechend wurde für die Kogge in Abstimmung mit Herrn Hoheisel vom DSM eine Mastlänge von 22 m über Deck gewählt, wozu noch etwa 3 m bis zum Deck kommen; die Länge der Rah soll nach der alten Takelungsanweisung ein Verhältnis zur Mastlänge von 4:5 haben. Dabei ist als Mastlänge die Entfernung vom Deck bis zum Wantangriffspunkt am Mast zu verstehen. Danach wurde die Rahlänge auf 16 m festgelegt. Aus dieser Rahlänge kann dann ebenfalls die Segelgröße abgeleitet werden. Nach Timbotta soll die Segelhöhe etwa die halbe Rahlänge betragen, wozu dann noch 2 bis 3 "Bonnets" kommen, so daß der Segelumriß für das ungereffte Segel nahezu ein quadratischer wird. Daraus ergibt sich, bei einer maximalen Länge des Oberlieks von 14,5 m, eine Segelfläche von 210 Quadratmetern.[*]

Zur Ermittlung der Segeleigenschaften benötigt der Schiffstheoretiker Aussagen über zwei Arten von Kräften - die hydrodynamischen Kräfte, die auf den Rumpf wirken, und die aerodynamischen Kräfte, die auf Rigg und Segel mit Überwasserschiff wirken.

[*] *Dieses Testsegel wurde später verkleinert. D. Hrsg.*

Wenn man diese Kräfte kennt, kann man über die "Gleichgewichtsbedingungen" nach längerer Rechnung die Geschwindigkeit ermitteln.

Die zwei Arten von Kräften lassen sich auf verschiedene Weise bestimmen, durch "individuelle" Versuche in Windkanal und Schlepptank (für jeden Schiffstyp neu) oder auch durch Auswertung von systematischen Versuchen ("Serienversuchen"), deren Ergebnisse bereits vorliegen.

Für die Kogge sollten die aerodynamischen Kräfte im Windkanal ermittelt werden. So wurde also ein Modell des Schiffes mit Rigg und Segel im Maßstab 1:25 für die Versuche erbaut.

Die Verstagung des Mastes konnte im Modell der Realität natürlich nicht genügend nachgebildet werden; allein schon deshalb, weil im Windkanal zur Erzielung vernünftiger Meßergebnisse das Modell mit 20 m/s - acht Windstärken - angeblasen werden mußte. Die notwendigen Vereinfachungen von Details im laufenden und stehenden Gut beeinträchtigen jedoch die Meßergebnisse nur unwesentlich.

Mit Hilfe der Windkanalversuche sollte nun ermittelt werden, wie weit die historisch vertretbare Rekonstruktion von Takelage und Segel auch nach schiffbaulichen Gesichtspunkten zulässig ist; insbesondere spielt hierbei natürlich die Stabilität des Schiffes eine entscheidene Rolle, da sie bestimmt, ob letztlich die angenommene Segelgröße vom Schiff "verkraftet" wird.

Mit dem Modell wurden im Frühjahr 1988 im Windkanal des Instituts für Schiffbau an der Universität Hamburg die zur Bestimmung der aerodynamischen Kräfte nötigen Versuche durchgeführt.

Die Frage, wie gut eine Kogge im Mittelalter segelte, ist nicht nur für die schiffahrtshistorische Forschung von großer Bedeutung, sondern auch für den Nachbau der Kogge, der mit einem wirklichkeitsgetreuen Rigg auf Fahrt gehen soll.

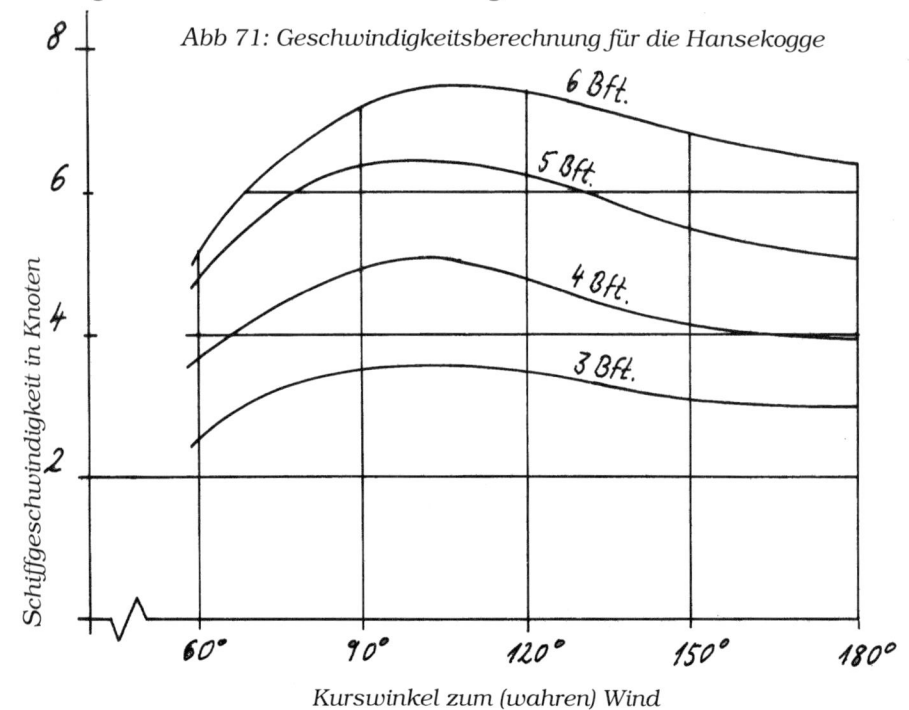

DIE WINDKANALVERSUCHE:

Das 93 cm lange Modell wurde im Windkanal über der Meßtischplatte, die die Wasseroberfläche simuliert, drehbar mit der Meßwaage verbunden. Die Meßwaage mißt die Kräfte und Momente, die der Wind auf das Überwasserschiff mit Rigg und Segel ausübt. Diesen Kräften müssen gleich große, in der entgegengesetzten Richtung wirkende Kräfte unter Wasser gegenübergestellt werden, um das Gleichgewicht zu halten. Um diese "Antwort" der hydrodynamischen auf die aerodynamischen Kräfte bestimmen zu können, müssen auch die Kräfte auf das Unterwasserschiff bekannt sein.

Da aber ein Modell für Schleppversuche genügender Genauigkeit etwa drei- bis viermal teurer gewesen wäre als das Modell für den Windkanal, mußten die Unterwasserkräfte abgeschätzt werden. Eine wichtige Größe dieser Kräfte konnte jedoch auch im Windkanal ermittelt werden: die Querkraft des Rumpfes, jene Kraft, die den in Querschiffsrichtung wirkenden Anteil der aerodynamischen Gesamtkraft ausgleichen muß; ein Segelschiff kann eben - außer vorm Wind - nicht ohne Abdrift segeln.

Ein einfacher Trick ermöglichte die Messung dieser Kraft, die in natura im Wasser entsteht, im Luftstrom des Windkanals. Dazu wurde vom Modell, das in der Wasserlinie geteilt war, das Unterschiff genommen und "über Kopf" gedreht im künstlichen Wind durchgemessen; die Querkraft im Wasser ist dann natürlich 836mal - das Dichteverhältnis Seewasser/Luft - größer als im Windkanal.

Um den Einfluß der Krängung auf die Kräfte bestimmen zu können, erhielt das Modell abnehmbare Keilstücke, mit deren Hilfe ein

Abb 71: Geschwindigkeitsberechnung für die Hansekogge

Kurswinkel zum (wahren) Wind

DIE SEGELEIGENSCHAFTEN DER HANSEKOGGE NACH DEN WINDKANALVERSUCHEN

Krängungswinkel von 10° eingestellt werden konnte. Der jeweilige reale Krängungswinkel ergibt sich, abhängig von Kurs und Windstärke, aus der Rechnung. Für die Kogge wurde eine Krängung bis zu 14,5° zugelassen; dabei kommt die Decksseite zu Wasser. Bei Überschreiten dieses Winkels muß gerefft werden.

Die Segelfläche konnte zweimal um je 20% verkleinert werden, um auch den gerefften Zustand im Modell untersuchen zu können. Die Modellsegel erhielten eine Wölbungstiefe von 15% und waren aus Dacrontuch von 190 g/m^2 gefertigt. Das Oberliek war an der Rah des Modell angeschlagen, die ihrerseits mit Hilfe einer Art "Klemmkupplung" das Brassen an den Wind erlaubte. Der Modellmast ist nach jeder Seite durch vier Wanten, nach vorn durch das Vorstag und nach achtern durch zwei Achterstagen, angestützt. Für die Segelbedienung sind Bulinen, Halsen und Schoten, für die Einstellung der Rah Brassen und Vorholer angebracht.

Im Versuch wurde nun je ein Braßwinkel fest eingestellt und dann bei verschiedenen Einfallswinkeln des scheinbaren Windes die Größe der Kräfte und Momente gemessen. Für jeden neuen Braßwinkel wurde so eine "Meßreihe" aufgenommen. Der kleinste Braßwinkel zur Längsschiffsrichtung betrug dabei knappe 30°, er wurde schrittweise bis auf 90° erhöht, d.h. die Rah steht querschiffs.

Die auf diese Art gewonnenen Meßwerte ermöglichen, im Zusammenhang mit den Annahmen für die Unterwasserkräfte, die Errechnung der Schiffsgeschwindigkeiten auf verschiedenen Kursen zum Wind in Abhängigkeit von der vorgegebenen Windstärke. Das Berechnungsprogramm gestattet auch, den Einfluß von Krängung, Abdrift und Seegang auf die erreichte Fahrt durchs Wasser zu bestimmen. Der Seegangseinfluß hat daran den größten Anteil; insbesondere auf Am-Wind-Kursen. Da - wie erwähnt - keine Schleppversuchsergebnisse vorlagen, war auch der Seegangsanteil abzuschätzen. Das Problem war hierbei, die Segelgewohnheiten im Mittelalter richtig einzuschätzen: Wenn man damals vorzugsweise in Landnähe segelte, trat kaum nennenswerter Seegang auf, die Einbuße an Geschwindigkeit war nur klein. Wagte man sich seinerzeit weiter auf See hinaus - was wegen der vergleichsweise einfachen navigatorischen Hilfsmittel nicht anzunehmen ist - "bremste" der Seegang die Kogge doch erheblich.

Alle diese Faktoren sind zu berücksichtigen, wenn die Segelleistungen der Kogge bewertet werden sollen. Auch kritische Punkte zeigen die Berechnungsergebnisse: So ist es z.B. nicht ganz einfach, das Schiff vor dem Wind auf Kurs zu halten, wenn es kräftig ins Rollen kommt.

Eine wichtige Frage, die offen bleiben muß, ist die nach einer möglichen Änderung des Klimas im Handelsraum der Hanse während der vergangenen 600 Jahre. Laut Seewetteramt kann sich die über lange Zeit gemittelte Windstärke um einen vollen Beaufort-Grad nach oben oder unten geändert haben.

Wenn jedoch alle zugrunde gelegten Voraussetzungen auch damals gegolten hätten, kann mit folgenden mittleren Reisedauern - wenn nicht aufgekreuzt werden mußte - gerechnet werden:

Lübeck - Danzig: 3 Tage
Lübeck - Talin (Reval): 5 - 6 Tage
Lübeck - Memel: 3 - 4 Tage
Lübeck - Riga: 5 Tage
Lübeck - Kopenhagen: 1 1/2 Tage
Lübeck - Bergen: 5-6 Tage
Lübeck - Visby: 3 1/4 Tage

Die interessante Frage, ob die Kogge kreuzen konnte, kann nach den Versuchen im Modell bejaht werden; allerdings ist fraglich, ob das Vorstag die Belastung durch das "Backschlagen" des Segels aushalten konnte oder ob man nur mittels Halse auf den anderen Bug gehen konnte. Dadurch wäre dann aber viel vom nach Luv gutgemachten Weg wieder verlorengegangen.

Die Ergebnisse der Berechnungen konnten viele Fragen schon vor den praktischen Segelversuchen klären. Auch fiel nun die Entscheidung der "richtigen" Mastlänge leichter.

Vieles jedoch müssen die Versuche mit der neuen "alten" Kogge noch zeigen; so die seemännische Handhabung eines mittelalterlichen Schiffs, die nicht ganz einfach ist.

MODELLVERSUCHE ZUR HANSEKOGGE IM WASSER-UMLAUFTANK DER FACHHOCHSCHULE KIEL

In den Windkanalversuchen wurde das Unterwasserschiff der HANSEKOGGE aus dem Gesamtsystem *herausgeschnitten*. Es ist daher notwendig, in zusätzlichen Modellversuchen die bei der Fahrt durchs Wasser entstehenden Kräfte kennenzulernen. Im Modellsystem ist eine möglichst wirklichkeitstreue Nachbildung der Verhältnisse anzustreben, wenn man die Reibungskräfte, die Kräfte aus der Verwirbelung der Rumpfströmung sowie die aus der Wellenbildung und Wellenbrechung ermitteln will.

Das klingt zunächst einfach und plausibel, wirft aber doch eine Reihe von Fragen auf, die beantwortet sein müssen, bevor man sich an die Durchführung der Aufgabe machen kann.

Die Versuchstechnik mit Modellen in Schleppkanälen ist knapp 130 Jahre alt, stand also in der Hansezeit nicht zur Verfügung. Entwickelt wurde die Versuchstechnik für maschinengetriebene Schiffe, bei denen sich die wichtigsten Eigenschaften aus der Geradeausfahrt unter Einschluß des Propellers - der Schraube - ergeben. Diese entspricht - läßt man den Propeller fort - dem Vor-Dem-Wind-Kurs der Kogge, kann aber nicht das im Windkanal untersuchte System auf den übrigen Kursen, wenn die Kogge mit Abdrift fährt, darstellen. Hier wirkt auf das Unterwasserschiff nicht nur eine Kraft in Fahrtrichtung, die Segelvortriebskraft, sondern auch eine quer dazu, die Segelseitenkraft. Sie muß durch die hydrodynamische Rumpfquerkraft ausgeglichen werden, eine Abdrift ist die Folge.

Für die Versuche zur Hydrodynamik der Kogge ist daher ein spezielles Meßgerät notwendig, ein Mehrkomponenten-Dynanometer, das nicht nur den Widerstand - wie bei einem maschinengetriebenen Schiff - sondern auch die Rumpfquerkraft erfaßt; Krängungswinkel, Ruder- und Abdriftwinkel können eingestellt werden.

Das Modell taucht dabei frei, denn je nach Geschwindigkeit sinkt es mehr oder weniger in sein Wellensystem ein, und kann sich auf den Trimm einstellen, der durch das Wellensystem und die hoch oben angreifende Windkraft verursacht wird.

Abb. 72: Das Kogge-Modell am Mehrkomponenten-Dynanometer im Umlauftank der FH Kiel.

MODELLVERSUCHE ZUR HANSEKOGGE IM WASSER-UMLAUFTANK DER FACHHOCHSCHULE KIEL

An dieser Stelle der Überlegungen wird man stutzig: Haben wir zunächst davon gesprochen, daß aus dem Gesamtsystem das Unterwasserschiff *herausgeschnitten* wurde, so stellen wir jetzt fest, daß das Modell durch das Meßgerät, das Dynamometer, *geschoben* wird:
Es liegt, so betrachtet, gar keine Trennung in Teilsysteme vor, vielmehr sind im hydrodynamischen Teilsystem die Windkräfte der Kogge (ermittelt im Windkanalmodell) durch die Dynanometerkräfte ersetzt worden. Diesen Gesichtspunkt werden wir noch diskutieren müssen.

Das Mehrkomponenten-Dynamometer haben wir vor etwa 20

GESCHWING-KEIT DER KOGGE (kn)	WELLENWIDER-STAND (in % des reinen Reibungs-widerstandes).
3,5	0
5,5	32
7,5	135
9,5	370

jahren für Messungen an Segelyachtmodellen entwickelt und werden es hier zur Untersuchung des Kogge-Modells einsetzen.

Das Versuschsfeld ist ein "sub-critical, free surface, re-circulating water channel", der für die anstehenden Untersuchungen durch eine Reihe von Zusatzeinrichtungen besonders geeignet ist.

Das Modell im Maßstab 1:15 wird bei einer Wassertemperatur von 40°C gefahren; dadurch erreicht man eine hydrodynamische Qualität der Messungen, die in einer Schlepprinne erst bei Maßstäben von etwa 1:7 erreicht wird.
Der Vorteil des Umlauftanks besteht darin, daß stehende Modelle in strömendem Wasser untersucht werden und daß eine einmal eingestellte Modellgeschwindigkeit beliebig lange beibehalten werden kann. Drift-, Ruder- und Krängungswinkel-Kombinationen können in großer Zahl eingestellt werden.

Die Ergebnisse solcher Messungen kann man im Diagramm darstellen. Es stellt z.B. den Zusammenhang zwischen Widerstand und Querkraft für die eingestellten Drift- und Krängungswinkel bei Mittschiffsruder dar.
Wiederholt man diese Messungen für andere Geschwindigkeiten, wird eine erste Auswertung nach folgendem Vorgehen möglich:

Die Windkanalmessungen liefern die Vortriebskräfte, die aus dem Rigg zur Verfügung stehen, sowie die Seitenkräfte, die den Rumpf belasten.
Die Umlauftankmessungen liefern den Widerstand und die Rumpfquerkraft.

Bringt man je für sich
• Vortriebskraft und Widerstand einerseits
• Segelseitenkraft und Rumpfquerkraft andererseits
zum Ausgleich und hat den Krängungswinkel richtig berechnet, so kennt man den Driftwinkel und kann die für diese Geschwindigkeit erforderliche Windstärke und Richtung errechnen.
Diese Vorgehen liefert schließlich ein erstes Leistungsbild der Kogge, die Geschwindigkeitspolaren.

Damit ist aber nur eine Aufgabenstellung für die Versuche beschrieben. Aus Modellversuchen liegen zwar Erfahrungen für Schiffe und Yachten mit verhältnismäßig glatten Oberflächen vor, kaum aber für die teilweise geklinkerte Außenhaut der Kogge.

Tritt durch die Klinkerung eine Widerstandserhöhung ein? Führen die Nagelköpfe der Plankenverbindungen zu einer Widerstandserhöhung? Diese Fragen und die physikalischen Ursachen der übrigen Erscheinungen am Rumpf müssen in zusätzlichen Versuchen bearbeitet werden.

Einige Antworten:
- Die Nagelköpfe machen einen Widerstand aus, der bei etwa 17% des reinen Reibungswiderstandes (zähigkeitsbedingter Tangentialwiderstand) liegt.
- Der Widerstand infolge Verwirbelung der Strömung hinter dem Schiff und an den Plankenkanten sowie der Widerstand aus der Wellenbrechung (*Schnauzbart* am Vorschiff) liegt im Ballastiefgang bei etwa 48% des reinen Reibungswiderstandes, bei Faßladung, mit größerem Tiefgang also, bei 116%.
- Der Widerstand aus Wellenbildung, Welleninterferenz und vermutlich einem Teil der Wellenbrechung ist stark von der Geschwindigkeit abhängig und ergibt sich nach nebenstehender Tabelle (Ballasttiefgang).
- Fährt die Kogge mit Krangung, Abdrift und Ruderwinkel, muß sie also eine Querkraft produzieren, so ergeben sich überwiegend weitere Widerstandsanteile, manchmal wird der Widerstand jedoch etwas kleiner.
Doch davon später.

Beim Zusammenfügen der aerodynamischen und hydrodynamischen Kräfte haben wir bisher einen Gesichtspunkt außer acht gelassen:
Sie müssen nicht nur entgegengesetzt gleich sein, sondern darüberhinaus im Grundriß auf einer Linie liegen, wenn die Kogge nicht vom geraden Kurs nach luv oder lee abweichen soll.

Solche Neigungen kennen alle, die auch nur einmal an der Pinne eines Segelfahrzeugs gestanden haben: Das ist die Luv- oder Leegierigkeit, die der Rudergänger durch Ruderlegen nach luv oder lee beseitigt. Bei der Frage nach diesem Verhalten der Kogge konnten wir zurückgreifen auf Untersuchungen, die wir in den ver-

Wir stehen also vor zwei Fragen, nämlich: Wie verhält es sich mit der Luv-Lee-Gierigkeit auf verschiedenen Kursen und welche Ruderwinkel sind notwendig, um geraden Kurs zu fahren?

Eine dritte folgt aus den beiden anderen: Kann man, wenn beispielsweise eine gewisse Luvgierigkeit durch Leeruder ausgeglichen wird, weitere Störungen des geraden Kurses durch Böen oder im Seegang noch ausgleichen, indem man den Ruderwinkel vergrößert? Nur dadurch läßt sich vermeiden, daß das Schiff *in die Sonne schießt*, wie der Segler sagt.

Die Beurteilung dieses Verhaltens erfolgt in Versuchsreihen gangenen Jahren an Segelyachtmodellen durchgeführt haben.

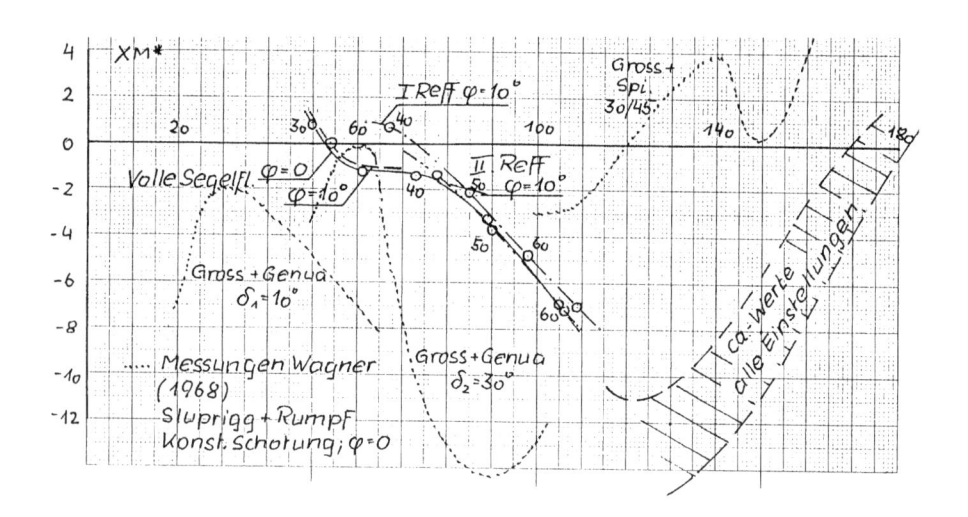

Abb. 73: Die resultierende Windkraft bei der Kogge liegt genauso "mastfest" wie bei modernen Segelyachten.

Dort konnten wir das Dynanometer für den ersten Lösungsansatz am Ort des Mastes an das Modell anschließen. Bei Sluptakelungen liegt nämlich die resultierende Windkraft praktisch mastfest, liefert nur auf den Halbwindkursen eine gewisse *aerodynamische* Luvgierigkeit, die sich rechnerisch in das System einbringen läßt.

Unsere Überraschung war groß als wir die Windkraft auf die Mastposition bezogen: Es gibt praktisch keinen nennenswerten Unterschied zu denen des Slupriggs - obwohl sich doch das Überwasserschiff der Kogge mit dem achteren Kastell und dem quadratischen Rahsegel ganz erheblich von dem einer modernen Slup unterscheidet!

Die aerodynamischen Unterschiede sind trotz allem klein (s. Diagramm). Daher haben wir das für moderne Segelyachten entwickelte Analyseverfahren auf die Kogge angewendet und das Dynanometer in Mastposition und in entsprechender Höhe am Modell befestigt.

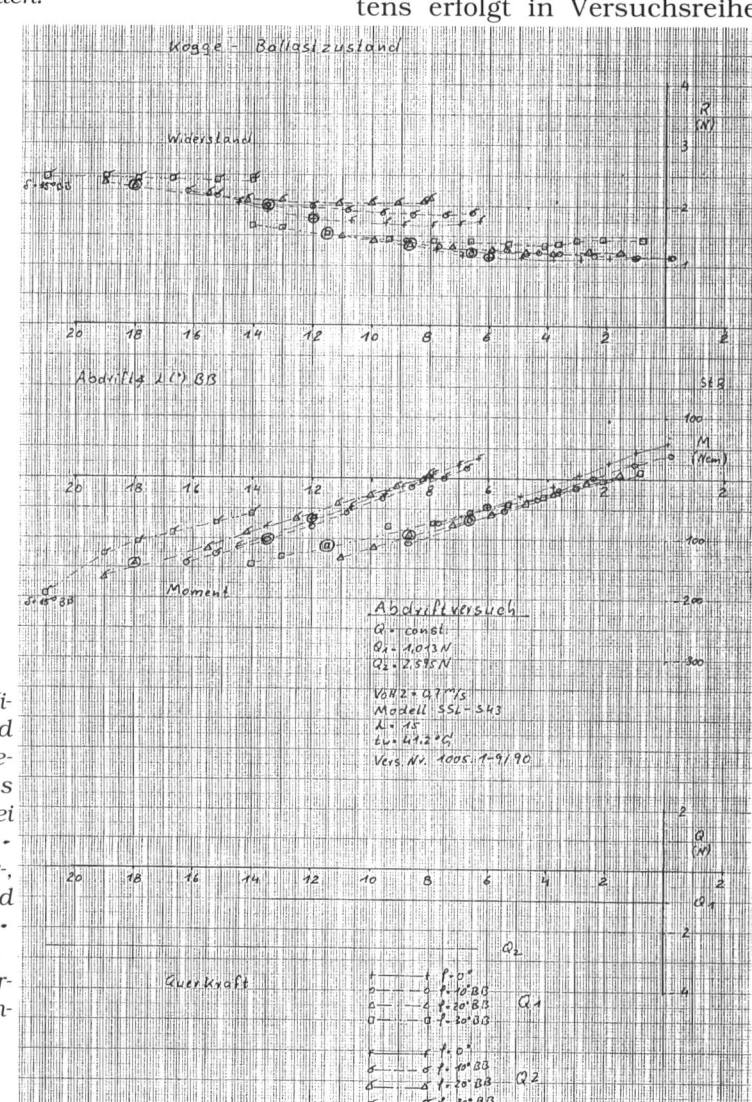

Abb. 74: Widerstand und luv-lee-gieriges Moment bei verschiedenen Ruder-, Drift- und Krängungswinkeln - die Querkraft ist konstant.

MODELLVERSUCHE ZUR HANSEKOGGE IM WASSER-UMLAUFTANK DER FACHHOCHSCHULE KIEL

konstante Querkraft, indem man bestimmte Rumpfquerkräfte vorwählt und diese sodann durch geeignete Kombinationen aus Ruder- und Driftwinkel einstellt: Das gemessene Drehmoment um die vertikale Achse liefert unmittelbar ein Maß für die Ruderwirkung. Wird das Moment zu Null, segelt die Kogge geraden Kurs.

Das Diagramm (Abb. 74) stellt die Ergebnisse für eine Querkraft-Geschwindigkeits-Kombination dar. Für die zugehörigen Kurse ergibt sich eine mit dem Krängungswinkel zunehmende Luvgierigkeit, die durch entsprechende Lee-Ruderwinkel ausgeglichen werden kann, wenn der Krängungswinkel nicht zu groß ist. Bei anderen Geschwindigkeiten liegen die Ergebnisse ganz ähnlich.

Wird die Querkraft Null - in diesem Fall segelt die Kogge platt vor dem Wind - zeigen die Momente einen harmonischen Verlauf. Das ist überraschend, wenn man an die zuvor festgestellte ausgeprägte Verwirbelung der Heckströmung denkt.
Trimmt man die Kogge dagegen vorlastig, geht die Ruderwirkung deutlich zurück.

Auch eine weitere Feststellung überrascht: Fährt man zur Beseitigung einer Luvgierigkeit auf gegebenem Kurs zum Wind mit Leeruder, so ist der Widerstand in aller Regel etwas kleiner als bei Mittschiffsruder, wenn man also die Luvgierigkeit durch die Schotung des Segel beseitigt.

Werden die Krängungswinkel groß, so ist es nicht mehr möglich den geraden Kurs durch das Betätigen des Ruders zu halten. Hier ist es notwendig die Luvgierigkeit auch durch Ändern der Schotung, Auswehens des Segels oder durch Reffen und Verringerung des Krängungswinkels zu bekämpfen.

Auf zwei Eigenschaften muß hingewiesen werden, die bei der HANSEKOGGE zu anderem Verhalten führen, als man es bei modernen Segelyachten vorraussetzen kann:

Die Stahlwanten und -stagen moderner Segelyachten lassen es zu, ihr Rigg für die hier entstandenen Untersuchungen als praktisch starr anzusehen. Wanten und Vorstag des historischen Kogge aus Hanftauwerk führen dagegen zu einem nachgiebigen Rigg.
Der Masttopp wandert je nach Kurs zum Wind vorlich und seitlich aus - mehr als 1 Meter, wie Überschlagsrechnungen zeigen.
Das ändert die *aerodynamische* Luvgierigkeit um etwa 3%, oder um etwa 7%, wenn gleichzeitig die Schotung geändert wird - sie verringert sich in dem Maße, in dem der Mast nach vorn auswandert.

Ob der Koggennachbau dieses Verhalten ebenfalls hat, läßt sich nicht sagen, da das verwendete Hercules-Tauwerk eine andere Dehnung als Hanftauwerk zeigt. Sicherlich läßt sich das *Auswehen* des Masttopps durch entsprechende Schotung wenigstens teilweise simulieren.

Auch das unterschiedliche Auswehen des Segels, abhängig von der Windstärke und von der Schotung, wird die Luv-Lee-Gierigkeit beeinflussen. Dieses Verhalten ist im Windkanal nicht untersucht worden, schon weil dort nur mit konstanter Windgeschwindigkeit gefahren wurde.

Es bleiben also für Kapitän und Mannschaft der HANSEKOGGE genügend Aufgaben, die nur durch ihre praktische Erprobung erledigt werden können.

Die Hoffnungen dagegen, daß Hansekoggen in der Lage waren wenigstens bei günstigen Windbedingungen nennenswerte Höhe gegen den Wind zu gewinnen, ist aber als gering zu bezeichnen, wie die Umlauftankmessungen zeigen.

Darin wird deutlich, welches seemännische und taktische Geschick den Seeleuten der Hanse abverlangt wurde. Wer immer noch meint, die Hansezeit sei eine Zeit der fröhlichen, risikolosen Seefahrt gewesen, irrt.

DIE KIELER HANSEKOGGE

DIE ERSTEN SEGELVERSUCHE

Ziel des ersten Segelabschnittes (3. bis 12. Juni 1991) war, erste Erfahrungen zu sammeln und die Besatzung zu trainieren. Eingehende Erkenntnisse über das Segelverhalten der Kogge können erst bei späteren Abschnitten gewonnen werden, wenn die dazu erforderlichen Meßgeräte und Computerprogramme verfügbar sind. Diese Versuche begannen noch im Verlauf des Sommers '91.

Durch das Entgegenkommen der Bundesmarine konnten wir den Hafen von Olpenitz, eine gute Seemeile südlich von Schleimünde, als Liegehafen benutzen. Von hier aus konnten die Versuche unmittelbar vor der Haustür ablaufen. In dem Seegebiet zwischen der schleswigschen Küste, der Flensburger Förde und der dänischen Insel Ærø gibt es keinen Großschiffsverkehr und nur geringen Verkehr von Sportbooten, Küsten- und Marineschiffen. Von Kiel aus wären lange Wege in das Segelgebiet unvermeidlich gewesen.

Als Bugsier- und Geleitfahrzeug hatte der Verein JUGEND IN ARBEIT den früheren Kriegsfischkutter (KFK) GOTLAND erworben. Der Kutter hatte mehr als 20 Jahre gefischt, bevor er im Hafen von Heikendorf aufgelegt wurde. Er soll, ebenfalls als ABM-Maßnahme, in seinen ursprünglichen Zustand zurückversetzt werden, und ein Bild dieser in den 50er- und 60er Jahren weitverbreiteten Klasse von Fischereifahrzeugen geben. Weiterhin soll der Kutter aber auch als Begleitfahrzeug für die Kogge dienen.

Es traf sich gut, daß der bisherige Eigner bereit war, den Kutter für uns zu fahren. So konnte auf fremde Schlepper- und Bugsierhilfe verzichtet werden, denn gut geführt kann ein solcher Kutter diese Aufgaben voll erfüllen.

Natürlich waren alle Beteiligten gespannt, ob und wie weit die jahrelangen Überlegungen und Untersuchungen über das Segelverhalten und die Handhabung der Kogge und ihres Riggs sich als zutreffend herausstellen würden. Bei diesen Arbeiten hatten sich die beiden als Schiffsführer für die Versuche vorgesehenen Kapitäne, die Herren Teerling und von Bosse, besonders engagiert und ihre großen Erfahrungen, aus langjährigen Fahrtzeiten auf Großsegelschiffen, zur Verfügung gestellt.

Kapitän von Bosse hatte ein Riggmodell der Kogge im Maßstab 1 : 20 angefertigt, an dem manche Überlegung ausprobiert und ihre Durchführbarkeit überprüft werden konnte. Hilfreich war auch, daß wir einiges über Rigg, Segel und deren Bedienung auf der norwegischen Jekt PAULINE erfahren konnten. Die Jekt ist ungefähr so groß wie unsere Kogge und führt ein dem Koggensegel ähnliches Rahsegel, dazu allerdings noch ein Vorsegel.

Wie auf jedem Neubau breitete sich zum Schluß eine gewisse Hektik aus, und ohne die Hilfe unserer beiden Kapitäne hätten wir den vorgesehenen Termin sicher nicht halten können.

Die Überführungsfahrt nach Olpenitz brachte gleich die erste Bewährungsprobe. Mit der Schleppfahrt gegen einen steifen Nord-Nordwest und entsprechender See gegenan in der Kieler Bucht stellte unsere Kogge einen Rekord auf: Wohl noch nie war eine Kogge mit fünf bis sechs Knoten gegen die See gelaufen. Sie stampfte und warf einen mächtigen Schnurrbart auf, aber mit ihrem breitausladenden

Abb. 76: Die Koggenbauer bildeten die erste Besatzung, in der gelben Öljacke Kapitän Teerling.

DIE KIELER HANSEKOGGE

Abb. 77: Die Kogge unter Vollzeug - mit drei Bonnets.

Vorschiff nahm sie keine nennenswerten Wassermengen über. Die Verbände hielten dieser Beanspruchung, für die das Schiff ja nicht gebaut war, stand, und es machte nur wenig Wasser.

Und dann ging es an jedem Tag mit Ausnahme eines Hafentages für notwendige Arbeiten, zwischen neun und 10 Uhr bis etwa 16 Uhr hinaus. Das Wetter spielte mit. An den beiden ersten Tagen hatten wir leichten bis frischen Wind aus westlichen Richtungen, dann drei Tage östliche Winde bis 5 Beaufort. Erst an den letzten beiden Segeltagen briste es bis sieben Windstärken aus westlichen Richtungen auf, doch infolge des Landschutzes war der Seegang mäßig.

Kapitän Teerling steigerte allmählich die Größe des Segels - am ersten Tag fuhren wir nur das Stammsegel, also die halbe Segelfläche, damit erst einmal in aller Ruhe alle Abläufe durchgefahren werden konnten. Danach wurde an jedem Tag ein weiteres Bonnet angesteckt, mehrere Tage segelten wir mit drei Bonnets. An den schon erwähnten beiden letzten Tagen reduzierten wir die Segelfläche wieder auf zwei Bonnets.

Je nach Windrichtung wurde die Kogge einige Meilen nach Luv geschleppt, sofern nicht der Wind das Segelsetzen gleich nach Verlassen der Hafenmolen erlaubte. So hatten wir immer genügend Seeraum für unsere Manöver und waren zum Tagesende wieder in Hafennähe. Dort nahm uns die GOTLAND, die stets in der Nähe der Kogge blieb, auf den Haken. Im Hafen selbst ging sie längsseits und brachte uns an die Pier.

Die wichtigsten Fragen, auf deren Beantwortung es uns ankam, waren:

1. Wie hoch läßt sich die Kogge an den Wind bringen, und welche Abdrift hat sie dann?

2. Wie verhält sich der Rumpf im Wasser?

3. Wieweit treffen die nach den Versuchen im Windkanal und Strömungsbecken aufgestellten Prognosen zu?

4. Wie läßt sich die Kogge steuern?

5. Wie verhält sie sich beim Wenden und Halsen, und wie werden diese Manöver gefahren?

6. Welche Segel kann sie tragen?

Abb. 78: Bei Fahrt schiebt die Kogge einen Wasserberg vor sich her.

DIE ERSTEN SEGELVERSUCHE

7. Stimmen die Holepunkte für Brassen, Schoten, Halsen, Gegenbrassen, Bulinen, Mittel- und Unterschoten, um das Segel optimal zum Stehen zu bringen?

8. Wie bewährt sich die Verstagung, der Mast und das Rigg unter Belastung?

Selbstverständlich konnten bislang noch nicht alle Fragen erschöpfend beantwortet werden, einmal aus schon oben angeführten Gründen, zum anderen werden andere Wetterverhältnisse weitere Erkenntnisse bringen. Doch lassen sich bereits aus unseren Erfahrungen einige grundsätzliche Schlüsse ziehen:

Die Kogge ließ sich nicht höher als 70° an den Wind bringen. Bei den Versuchen mehr Höhe zu laufen, verlor sie schnell an Fahrt und die Abdrift wuchs stark. Bei 70 bis 80° am Wind schätzten wir den Abdriftwinkel auf 15 bis 20° - bei stärkerem Wind, ab vier Beaufort und damit höherer Fahrt, wird er etwas kleiner, wahrscheinlich auch dadurch, daß die eingetauchte Fläche der Leeseite mit wachsender Krängung zunimmt.

Beim Segeln am Wind ist das Schiff luvgierig, das Ruder liegt dann fast ständig 15° nach Lee. Auf Steuerbordbug ist die Ruderlage durchschnittlich um etwa 5° größer, eine Folge der Unsymmetrie der Schiffsseiten der Ur-Kogge, die wir auch in unsere HANSE-

Abb. 79: Die Gordings laufen durch die Klotjes (Rundkauschen) am Segel zur Rah, über den Mast an Deck. Unter dem Oberliek, in je einem Meter Abstand, die beiden Reffleisten.

Abb. 80 (unten): Links die Juffern für die Taljereeps der Wanten und der durchgesetzte Hals (innen in Luv). Mittschiffs die Violine mit den beiden Bulien-Blöcken und in der Mitte des Unterlieks die um den Mast geführte Mittelschot.

DIE KIELER HANSEKOGGE

Abb. 81: Die Unterschoten werden geholt - sie verhindern ein Steigen des Segels und bieten eine gute Möglichkeit, das Segel flach zu trimmen.

wie jedem flachbodigen Segelfahrzeug ohne Kiel an Lateralfläche. Nach unseren Beobachtungen meinen wir, daß das Rigg in Verbindung mit einem besseren Rumpf, ein um einige Grad höheres Segeln am Wind erlauben würde. Der geringe Tiefgang ist vor allem dadurch begründet, daß die Koggen in flachen Fahrwassern und Häfen segelten; die im Grunde zu volle Form entspricht dem Wunsch nach großem Ladevermögen.

Bei Fahrt ab vier Knoten schiebt der Bug einen deutlichen Wasserberg vor sich her, am Wind ist zu sehen, wie die Leeseite des Rumpfes infolge der Abdrift auf das Wasser drückt und es fort-

Abb. 82. Die Kogge hoch am Wind. Höher als 75 bis 80° kann sie nicht segeln. Das Segel könnte mehr hergeben, doch durch die Form des Rumpfes wird die Kogge so langsam, daß die Abdrift überhand nimmt.

KOGGE einbauten. Am Wind kommt das Schiff bei vier Beaufort und mehr auf drei bis drei-einhalb Knoten (nach Relingslog, denn das eingebaute Log zeigte infolge der Verwirbelung der starken Grenzschicht ungenau oder gar nicht an).

Es kann daher schon jetzt gesagt werden, daß die Kogge nicht höher als quer zum wahren Wind über Grund fahren kann. Es wäre ganz interessant zu erproben, ob sich das bei vollbeladenem Schiff ändert, denn wir segelten nur mit unseren 26 Tonnen Ballast.

Dieses Ergebnis widerspricht scheinbar den Prognosen aus den Windkanalversuchen, entspricht jedoch ganz jenen Messungen aus dem Schlepptank. Der Unterschied erklärt sich daraus, daß im Windkanal das Verhalten des Rumpfes nur angenähert angenommen, aber nicht gemessen werden kann.

Es fehlt der Kogge mit 1,6 m Tiefgang vorn und 1,8 m achtern eben

DIE ERSTEN SEGELVERSUCHE

schiebt. Der Wasserablauf ist schlecht, am Hinterschiff bildet sich ab fünf Knoten Fahrt eine starke Hecksee und ein kräftiger Wirbel aus, der die Ruderwirkung beeinträchtigt. Ab halben Wind und höher bildet sich an der Luvseite achtern ein *Ententeich*, und an beiden Seiten werden Wirbelzöpfe sichtbar.

Die Kogge läßt sich von einem Mann gut steuern und liegt auch gut im Ruder, nur bei starkem Wind mußten gelegentlich zwei Mann an die Pinne. Es bleibt abzuwarten, wie dies bei höherem Seegang aussieht. Mit einem um die Pinne genommenem Stropp kann man sich die Arbeit sehr erleichtern.

Wegen der fast ständig notwendigen Leeruderlage fällt die Kogge nicht gern ab, ist sie aber erst im Drehen, dreht sie sehr schnell mit 1 1/2 bis zwei Schiffslängen Radius bei Hartruderlage. Das Schiff muß dabei in Fahrt bleiben, einmal zum Stehen gekommen braucht es bei dem großen Gewicht viel Zeit, um wieder zu laufen.

Ohne Segel treibt die Kogge nicht quer zum Wind, sondern legt sich infolge des hohen Achterkastells mit gut 10° an den Wind.

Abb. 83: Mit dem Gangspill wird die Leeschot geholt.

Wie fast alle Segelfahrzeuge segelt die Kogge bei raumen Winden aus etwa 150° am besten, Sie liegt etwas ruhiger in der See als vor dem Wind, steuert sich leichter und hat weniger Neigung zum *Geigen*, das hier besonders gefährlich ist, weil die schwere Rah mit unkontrollierten Bewegungen das Rack beschädigen und somit das Schiff in Gefahr bringen könnte. Wenn der Segelschwerpunkt infolge des Pendelns im Seegang wandert und das Segel unruhig wird, kann man es dadurch zur Ruhe bringen, daß die unterste Mittelschot an die Leebordwand geholt wird.

Im übrigen ist es eine wichtige Aufgabe der Mittelschoten, die wir ja bei normalen Segeln nicht kennen, das Segel durch Anholen vor dem Backschlagen zu bewahren, wenn das Schiff am Wind laufend zu sehr anluvt. Bei der ständigen Luvgierigkeit und damit der Trägheit beim Abfallen ist das

Abb. 84 und 85: Eine Wende wird eingeleitet. Durch Anholen der beiden Leegordings wird der Wind aus der Leeseite des Segels genommen. Der Segeldruckpunkt wandert nach vorn in die nun backkommende Luvseite des Segels.

DIE KIELER HANSEKOGGE

Abb. 86: Fix muß es gehen: In der Wende müssen die Leegordings geholt werden.

besonders wichtig. In diesem Falle müssen auch die Bulinen, die normalerweise nicht zu dicht gefahren werden sollten, angeholt werden.

Raumschots lief die Kogge bei vier Beaufort mit drei Bonnets etwa 5,5 kn, bei 7 Beaufort machte sie mit zwei Bonnets sieben Knoten und vielleicht mehr. Wahrscheinlich hätte auch ein Bonnet genügt, die Kogge hätte dann ruhiger im Ruder gelegen. Das Tuch konnte sie gut tragen; ob das auch in höherem Seegang gilt, bleibt abzuwarten.

Doch stellte sich uns die Frage nach einem Verfahren zum Abnehmen eines Bonnets bei stehendem Segel. Wenn das Segel nämlich bei starkem Wind voll eingefiert wird, um das Bonnet abzunehmen, wird es hochgeweht, gefährdet die an Deck arbeitenden Leute und macht das Arbeiten so gut wie unmöglich. Die Lösung dieser Frage ist dringend.

Es zeigt sich, daß die Vorholer an der Rah (Gegenbrassen) notwendig sind, um die Rah ruhig zu halten. Auf ihre Bedienung muß, besonders beim Wenden, gut geachtet werden. Die Holepunkte der Brassen an den hintersten Ecken der Kastelldeckreling geben der Braß einen optimalen Winkel, und können von zwei Mann ohne Mühe bedient werden. Die Schoten hingegen müssen mit dem Gangspill geholt werden, wobei auf Überläufer zu achten ist. Die Holepunkte für die Leeschot lagen anfangs zu hoch, wir behalfen uns mit Barberholern.

Zum Wenden muß so hart wie möglich angebrasst werden, um

Abb. 87: Das Seitenliek hat den Rahvorholer eingefangen.

DIE ERSTEN SEGELVERSUCHE

bis zum letzten Augenblick Fahrt im Schiff zu behalten. Auf das Kommando REE wird das Ruder hart nach Luv gelegt, Brassen, Vorholer, Schot und Hals müssen unbedingt dicht bleiben. Wenn das Segel anfängt zu killen, wird die Schot ganz losgeworfen und das Segel mit den beiden Leegordings, so hoch es geht, unter die Rah geholt. Dadurch wird der Druck aus dem hinter dem Mast stehenden Teil des Segels genommen, gleichzeitig drückt der Wind, in dem backstehenden Teil des Segels vor dem Mast, das Schiff schnell herum. Wenn das Schiff eindeutig durch den Wind gegangen ist, wird rundgebrasst, die Gordings losgeworfen und die neue Schot und Hals werden dichtgeholt. Die Wendemanöver dauern knapp eine Minute.

Abb. 88: Vor dem Wind: Die Mittelschot verbessert den Stand des Unterlieks

Abb. 89 (unten links): Das Fall auf dem Bratspill, Herrn Rösing gefällt's.

Abb. 90 (unten rechts): Das völlige Hinterschiff erzeugt totes Wasser vor dem Ruder, die Ausströmung ist nicht zufriedenstellend.

Das Halsen dauert wegen des trägen Abfallens etwas länger. Der Drehkreis war ebenfalls klein und so war der Verlust an Luv nur wenig größer als beim Wenden. Das mag bei rauhem Wasser anders sein. Beim Halsen müssen Halsen, Schoten und Brassen unter Kontrolle bleiben, das Unterliek wird mit der Mittelschot an den Mast geholt. Vorholer und Bulinen müssen dabei steif gehalten werden, weil das Vorliek sie sonst einfangen kann.

Abb. 92: Bei leichtem Wind unter voller Segelfläche mit drei Bonnets, ca. 2,5 Knoten Fahrt.

Abb. 91 (links): Nach dem Segeln: Vor dem Zusammenlegen wird das Rahsegel zum Dreieck gelegt.

DER SOZIALE ASPEKT UNSERER ARBEIT

DIE KIELER HANSEKOGGE

Es war ein Glücksfall, daß wir schon 1987 mit dem Bau unserer Kogge beginnen konnten; wenige Jahre später wäre eine Arbeitsbeschaffungsmaßnahme (ABM) wie diese vielleicht nicht mehr bewilligt worden. Eine wesentliche Voraussetzung für das Gelingen des Vorhabens war die enge und wertvolle Zusammenarbeit mit dem Deutschen Schiffahrtsmuseum in Bremerhaven, das uns einschließlich der Bauunterlagen mit Rat und Tat zur Seite stand. Als wissenschaftlicher Leiter und als Bauaufsicht stellte sich der Technische Direktor des Museums, Herr Wolf-Dieter Hoheisel, zur Verfügung. Auch ein Werftpartner wurde gefunden: Die Jacht- und Bootswerft Erich Rathje in Kiel-Pries zeigte großes Interesse.

Nach einem in Hamburg laufenden Modell wurde im April 1986 der Verein JUGEND IN ARBEIT Kiel e.V., als Bauträger und späterer Eigner, gegründet. Mitglieder des Vereins sind Unternehmen aus dem Kieler Raum, Leitung und Geschäftsstelle liegen bei der Industrie- und Handelskammer in Kiel. Die Finanzierung erfolgt aus ABM-Mitteln der Bundesanstalt für Arbeit sowie aus Mitteln des Bundes und des Landes Schleswig-Holstein. Spenden von Unternehmen sind hinzugekommen.

Ein Förderverein KIELER HANSEKOGGE soll bei der weiteren Finanzierung und der Werbung für das Projekt helfen. Außer der Kogge betreut der Verein JUGEND IN ARBEIT zur Zeit den Bau einer schwimmenden Wasseraufbereitungsanlage für sauerstoffarme Gewässer, die Restaurierung eines historisch interessanten Kieler Hafendampfers, die Herrichtung des KFK-Kutters GOTLAND als Museums- und Begleitschiff für die HANSEKOGGE und schließlich das "rollende Automuseum". Mit diesen Projekten verfolgt der Verein weniger die Produktion historisch interessanter oder für die Allgemeinheit nützlicher Objekte - das eigentliche Anliegen ist vielmehr, arbeitslosen Handwerken zu helfen Arbeit zu finden und förderungsbedürftigen jungen Menschen durch Beschäftigung in einem handwerklich interessanten Bereich den Eintritt in die Arbeitswelt zu erleichtern. Sie erleben, wie mit ihrer Hände Arbeit etwas heranwächst dessen Sinn sie verstehen, und sie lernen das Zusammenwirken einer Gemeinschaft kennen - mancher von ihnen mag da zum ersten Mal ein Erfolgserlebnis haben.

Ein Problem dabei ist, daß die Zeit einer ABM-Maßnahme durch Gesetz auf zwei Jahre begrenzt ist, so konnten nicht alle Mitarbeiter bis zur Fertigstellung und Erprobung der Kogge dabeibleiben. Alle erhalten einen Arbeitsvertrag und tariforientierten Lohn.

Gute Ziele, aber wie sah die Wirklichkeit aus?

Wir, ein Team von vier Bootsbauern und einem Tischler, begannen am 1. Juni 1987 schwungvoll und mit Begeisterung unsere Arbeit. Die dritte, noch provisorische, Kiellegung der Bremer Kogge wurde mit einer kleinen Feier am 12.6. begangen.

Doch der anfänglichen Hochstimmung folgte bald Ernüchterung, es fielen Äußerungen wie: "Dies ist ja doch kein fester Arbeitsplatz", "ABM ist sowieso Betrug am Arbeitsmarkt - das Schiff werden wir auch nicht segeln können, weil wir nach einem oder zwei Jahren wieder gehen dürfen, und eine Qualifizierung gibt uns diese Arbeit auch nicht, weil so etwas auf dem Arbeitsmarkt nicht gefragt ist."

Auf die Frage "Warum seit ihr dann überhaupt gekommen?" hieß es: "Von irgendetwas müssen wir ja leben!" Eine erstaunliche Antwort, bot sich doch hier die Möglichkeit, sich in einer echten handwerklichen Herausforderung zu bewähren.

Acht lange Monate ließ die Halle, in der die Kogge gebaut werden sollte, auf sich warten. So hatten wir keinen festen Platz auf der Werft und waren eigentlich überall im Wege, obgleich die Werft immer sehr kooperativ war. Kein Wunder, daß solche Umstände die Motivation der Mitarbeiter nicht beflügelten, drei von ihnen hielten nicht durch und kündigten, einer mit den Worten: "Die Eiche kotzt mich an!" So verbrachten wir den Beginn des Winters 1987/88 in einer kleinen Ecke der immerhin warmen Werkstatt der Werft mit dem Bau des Ruders und der beiden Spills. Wir waren dabei zu dritt, darunter auch der spätere Vorarbeiter Harry Rathke.

Dann endlich, am 1. Februar 1988, war das Dach der Halle gerichtet, wir konnten mit der richtigen Kiellegung beginnen. Drei Bootsbauer wurden neu eingestellt, und bis zum Frühjahr machte der Bau gute Fortschritte. Doch die Schwierigkeiten bei der Beschaffung des Stevenknies - es wurde schon erwähnt - führte zu weiteren Stimmungstiefs, denn durch das Fehlen dieses wichtigen Stückes kam die Arbeit fast zum Stillstand. Auch bei der Bauaufsicht und beim Trägerverein fing man an, sich Sorgen zu machen.

Dann zerbrachen wir uns über die Nägel die Köpfe. Nachdem es endlich gelungen war, das passende Material zu finden, zeigte es sich, daß sie nur von Hand geschmiedet werden konnten. Auch hier konnte das Arbeitsamt helfen, und schickte uns unseren tüchtigen Schmied, von dem schon die Rede war. Auch das Holz für das Stevenknie wurde schließlich gefunden - kleine Dinge, könnte man

DER SOZIALE ASPEKT UNSERER ARBEIT

Im Februar kam der gelernte Bootsbauer Ulli Kimm zu uns, der sich so gut bewährte, das er inzwischen bei uns fest angestellt ist. Ein paar Monate lang arbeitete auch eine Gruppe von drei bis vier Lehrlingen der Rathje-Werft mit, so daß wir manchmal 10 bis 14 Personen waren.

Ab Frühjahr '89 wurde die ABM-Maßnahme umgestellt. Beim Arbeitsamt waren keine arbeitslosen, ausgebildeten Bootsbauer oder Tischler mehr gemeldet - nun wurden uns arbeitslose ungelernte junge Männer geschickt, denen geholfen werden sollte, in Arbeit zu kommen und sich, wenn möglich, zu qualifizieren. Das brachte für mich neue, bisher unbekannte Probleme.

Am besten erzähle ich, was ich mit diesen jungen Leuten erlebte. Etwa von Frank Bredenbek: Er war einer der ersten in dieser Gruppe und kam mit einer abgebrochenen Tischlerlehre zu uns. Vor allem mußte er erst einmal wieder Mut fassen und seine verständliche Unsicherheit "unter all diesen Fachleuten" abbauen. Um ihm eine verhältnismäßig einfache, aber verantwortungsvolle Arbeit zu geben, führte ich ihn in die Technik der Innenkalfaterung ein. Mit dem Können wuchs sein Selbstbewußtsein, und bald konnte ich ihm eine Gruppe von vier Lehrlingen anvertrauen. Später baute er, genau wie seine gelernten Kollegen, komplizierte Spanten - und nutzte die zwei Jahre der Maßnahme, um seine Gesellenprüfung nachzuholen. Frank war von der Arbeit auf einem Schiff so angetan, daß er bei der Seefahrt bleiben wollte, und zu unserer Freude wurde er aus einer Reihe von Bewerbern als Bootsmann auf der ATALANTA, einem ehemaligen Lotsenschoner, angenommen.

denken, aber für uns waren sie sehr wichtig.

Denn wieder breitete sich in unserem kleinen Kreis Unruhe aus. Berechtigte Forderungen nach besserer Entlohnung konnten jedenfalls zum Teil erfüllt werden. Oder es kamen Klagen, weil gelegentlich bei der Verwaltung etwas nicht klappte, nicht immer waren sie unberechtigt, denn auch der Verein mußte sich in seine Aufgabe als Arbeitgeber eines handwerklichen Betriebes erst einleben, da konnte schon 'mal etwas schieflaufen. Aber erst als sich zwei besonders unruhige Geister - tüchtige Bootsbauer übrigens - von uns getrennt hatten, kehrte wieder Ruhe ein. Stundenlang hatte ich versucht, ihnen gut zuzureden - leider vergeblich.

Im Sommer '88 wurde Harry Rathke zum Vorarbeiter bestimmt, was mir fühlbare Erleichterung brachte. Harry entwickelte sich zu einem liebenswürdigen *Zugpferd*, mit dem Talent zu motivieren und mitzureißen. So war nach einem schweren Anfang bei eigentlich allen Begeisterung für unsere Arbeit zu spüren, und wir wuchsen zu einem Team zusammen. Handwerkliche Probleme besprachen und lösten wir gemeinsam. Diese jungen Leute, gewohnt auf eigenen Füßen zu stehen, waren Individualisten, und wenn man sich mit ihnen erst einmal "zusammengerauft" hatte, war mit ihnen gutes Arbeiten.

Im Laufe der Monate gab es weitere ähnliche Erfolge, wobei Abschlüsse nicht nur im holzverarbeitenden Gewerbe, sondern auch z.B. als Schweißer, geschafft wurden. Zu dieser Prüfung hatten sich fünf junge Leute gestellt, und dreien von ihnen konnte der Vorsitzende des Vereins JUGEND IN ARBEIT, bei einer kleinen Feier, anläßlich des Mastsetzens, das Zeugnis überreichen. Sie wechselten zum Vereinsprojekt "Hafendampfer UTE", wo sie im Eisenschiffbau arbeiten können.

Bei ihnen, wie auch in anderen Fällen, zeigte sich, daß gerade auf der Kogge so etwas wie eine handwerkliche Grundausbildung vermittelt werden kann: Gefühl für Formen, saubere Materialbearbeitung und gründliches, genaues Arbeiten. Solche Erfolge motivierten nicht nur unsere Jungen und die Bauleitung, sie waren auch für den Verein und das Arbeitsamt ein Beweis für die Richtigkeit des gewählten Weges, und gaben uns allen das Gefühl, daß Mühe und Einsatz sich gelohnt hatten.

Großen Anteil an diesen Erfolgen hat unser Mitarbeiter Jörg Blümke, der als Lehrer eingestellt worden war, um bei der theoretischen Weiterbildung, die oft größere Schwierigkeiten machte als das Praktische, zu helfen. Das Team gab ihm bald den Namen "Theo"rhetiker, aber den hatte er eigentlich nicht verdient. An der praktischen Arbeit war er fast leidenschaftlich interessiert, und arbeitete, wann immer er konnte, am Schiff mit. Das brachte ihn den Jungen näher.

Leider brachten längst nicht alle den Willen auf, die gebotenen Möglichkeiten wahrzunehmen; bei manchen hatten wir größte Mühe, sie auch nur an ein Mindestmaß von Arbeitswillen und Gemeinschaftssinn heranzubringen. Bei wieder anderen reichten die Fähigkeiten, trotz bestem Willen, nicht aus.

Zunächst, ab Frühjahr '89, hatten wir fünf neue Mitarbeiter, die alle mehr oder weniger mit Holzarbeiten vertraut waren. Doch am 1.September standen plötzlich zehn junge Männer ohne die geringste Erfahrung mit Holzarbeiten vor der Tür, und ließen unsere Gruppe auf 22 Köpfe anwachsen. Ihre geistigen und körperlichen Fähigkeiten waren sehr unterschiedlich, ebenso ihre Motivation und Arbeitsbereitschaft. Jetzt war

DER SOZIALE ASPEKT UNSERER ARBEIT

viel Ausbildungs- und Überzeugungsarbeit zu leisten.

Unfallverhütung schrieben wir besonders groß und Gottseidank hat es bei uns bisher noch keinen ernsthaften Unfall gegeben. Jeder Handgriff mußte gelehrt und die Arbeit ständig überwacht werden. Zudem sollte keiner über- oder unterfordert werden, etwa unser Roy Brommann: Ganz verschüchtert und unsicher kam er zu uns, wagte kaum ins Schiff zu gehen. Aber die Kollegen waren nett, keiner lachte über ihn, und so wurde er allmählich sicherer. Mit Anleitung und Zuwendung erledigte er zuverlässig und unermüdlich seine Aufgaben, ließ sich nicht stören, bis er fertig war.

Zum Herbst hin kam erschwerend hinzu, daß die Kogge im Wasser lag und daher im Freien gearbeitet werden mußte. Manchmal wußten wir nicht, ob es am folgenden Tag einigermaßen trocken bleiben würde, was die Planung und Einteilung der Arbeit erschwerte. Gelegentlich mußten auch Engpässe im Materialzulauf überwunden werden, was für mich dazu führte, das ich, öfter als mir lieb war, der Baustelle fernbleiben mußte. Zeitweise, und gerade in der schlechten Jahreszeit, hatten wir einen hohen Krankenstand - und zudem ist es auf einer Werft recht leicht, sich mal zu *verkrümeln*, wir mußten die Augen überall haben.

Aber schließlich bildete sich im Laufe der Zeit so etwas wie Teamgeist heraus, bei manchen dauerte es allerdings ein Jahr und länger, bis sie so weit waren. Aber dann war ich eigentlich immer erstaunt, welche "Arbeitslust", ja Begeisterung für unsere Kogge auflebte.

Schwierig ist es immer, wenn das Ende einer ABM herannaht und der Betroffene keine Arbeit gefunden hat oder einen Abschluß nicht schaffte. Ein Druck, der vor allem auf den charakterlich wertvollen Menschen lastet, besonders dann, wenn ihre Fähigkeiten trotz bestem Willen nicht, oder nicht ganz, ausreichen.

Wenn ich mir aufgrund meiner Erfahrung aus gut vierjähriger Koggen-Bauzeit ein Urteil erlauben darf, dann möchte ich meinen, daß die Arbeit an einem Objekt wie diesem sinnvoll ist, und, vielen Schwierigkeiten zum Trotz, im Ganzen viel von dem erreicht wurde, was mit der Maßnahme beabsichtigt war.

An den ersten Segelversuchen konnten acht Mitarbeiter aus der ABM-Maßnahme teilnehmen, eine schöne Belohnung für ihre Arbeit. Mit Kapitän Teerling, sieben freiwilligen Helfern und mir kamen wir auf 17 Mann Besatzungsstärke. Damit war die Kogge unter den Verhältnissen, wie wir sie vorfanden, gut zu handhaben, wenn jeder kräftig zupackte und wußte, was er zu tun hatte.

Im Marinestützpunkt Olpenitz erregte das ungewohnte Bild, das unsere Männer boten, etwas Aufsehen. Originalton aus einem Kasernenfenster: "Da kommen die Bombenleger!" - Doch schnell kamen sich "Hanseaten" und High-Tech-Seeleute näher. Die Begeisterung und der Einsatz dieser Crew machen uns sicher, daß auch in Zukunft junge Menschen sich für einen "Koggentörn" begeistern können, auch wenn dabei viel harte Arbeit und einfaches Leben geboten werden.

Abb. 96: Die älteste nachweisbare Schiffstoilette befindet sich auf der HANSEKOGGE - trotzdem soll später für die Besatzung ein "richtiges" WC eingebaut werden.

NACHWORT DES HERAUSGEBERS

Die Kogge schwimmt und hat mit den Segelversuchen ihre erste Bewährungsprobe bestanden. Die Bewährung ist zugleich eine Bestätigung für alle, die an diesem einmaligen Bau mitgewirkt haben; nicht allein für die, die dabei mit Hand angelegt haben und für die, die alle Hindernisse der Bürokratie überwunden haben, die sich im Laufe der langen Zeit dem Unternehmen in den Weg stellten.

Sie ist es auch für diejenigen, die durch ihr Interesse und Verständnis, ja Begeisterung, und nicht zuletzt materielle Unterstützung, das Vorhaben förderten - und von denen wir auch künftig Interesse und Zuwendung erhoffen.

Es sei mir erlaubt, hier die wichtigsten Namen zu nennen und allen zu danken, die uns geholfen haben:

Wolf-Rüdiger Janzen, Hans-Ulrich Westphal und Ilse Hamann vom Verein JUGEND IN ARBEIT e.V., Dr. Olaf Koglin, H. Heycke und Mitarbeiter vom Arbeitsamt Kiel sowie

Firma Anschütz, Herrn Behnk und Firma Messerschmid, J. Bernhardt und Firma Secumar, Jörg Blümke, Kapitän Friedrich von Boose, Firma Brandenburg, Knut Brandes, Frank Bredenbeck, Roy Brommann, Bundesmarine, Ingo Clausen, Ole Crumlin-Petersen, HEIN Dahlinger von Firma Stoltenberg, Werner Dammann, Helmut Dose, Dieter Ehrhardt, Peter Ehrhardt, Manfred Esser, Hannes Ewerth, Dr. Klaus Friedland, Werft Friedrich Kiel-Pries, Dr. Paul Heinsius, Hans-Peter Hingst, Wolf-Dieter Hoheisel vom Deutschen Schiffahrtsmusem, Holstenbrauerei, Jörg Keillach, Uli Kimm, Hugo Laatzen, Werner Lahn, Firma MAK, Friedrich Netlitz, Markus Perlewitz, Martine Poersch, Professor Harro Postel und seine Mitarbeiter, Provinzial-Versicherung, Erich Rathje und der Rathje-Werft, Harry Rathke, Volker Rohde, Winfried Ruhnke, Thomas Schlüter, Edgar Schmaljohann, Herbert Schönfeld, Rene Schröder, Peter Seemann vom Berufsförderungswerk, T. Seiffert, Kapitän Solterbeck, Carsten Speerling, Firma Steiner, Kapitän Dietrich Teerling, Andreas Wolf, Firma Zelthaase, Reinhard Ziermann und R. Theiling von Firma Roblon.

Und zuguterletzt ist Rolf Kelling-Eischeid und seinem Verlag für die gute Zusammenarbeit zu danken, ohne die unser Buch nicht so schnell Wasser unter den Kiel bekommen hätte, das nun - hoffen wir es - zügig Fahrt aufnehmen wird.

Wie soll es nun nach den Segelversuchen weitergehen? Auf keinen Fall wollen wir, daß die HANSEKOGGE als Museumsschiff festgelegt wird. Wir wünschen uns, das sie auf den Wegen der alten Hanse, vornehmlich auf der Ostsee, in Fahrt bleibt, gesegelt von Menschen, die einen Hauch der alten Seefahrt erleben wollen. Welche realen Möglichkeiten sich dafür bieten, darüber werden die weiteren Segelversuche Klarheit bringen.

Eines aber ist klar: In dem für die Versuche unerläßlichen historischem Zustand kann die Kogge am Schiffsverkehr von heute nicht teilnehmen. Sie braucht eine Antriebsanlage, Sicherheitseinrichtungen wie Feuerlösch- und Lenzmittel sowie weitere Navigations- und Signalmittel als bisher an Bord vorhanden sind. Unterbringungsmöglichkeiten, Koch- und Sanitäreinrichtungen werden hinzukommen müssen, wobei der historische Zustand, so weit wie irgend möglich, erhalten bleiben soll. So hoffen wir, daß unsere Kogge in nicht allzu ferner Zukunft eine lebendige Verbindung zu unseren Nachbarn und zu einer vergangenen Zeit herstellen wird, angefüllt mit einem Leben, wie man es aus Büchern nicht erfahren kann.

Hans-Rudolf Rösing

DIE HANSEKOGGE IN ZAHLEN:

Für den Schiffsrumpf wurden verbraucht:

56 m³ Eichenholz (ohne Verschnitt)

18 Eichenstämme von je etwa 10 m Länge für die Beplankung

11.000 handgeschmiedte Nägel aus rostfreiem Stahl (1.45.71)

12.000 Kalfatklammern, ebenfalls aus rostfreiem Stahl

1.600 Holzdübel

Anschrift des Fördervereins Kieler Hansekogge e.V.:
Lorentzendamm 24
2300 Kiel 1

Abmessungen:

Länge über Steven:	22,70 m
Länge über alles:	23,23 m
Kiellänge:	15,60 m
Größte Breite:	7,78 m
Seitenhöhe bis Oberkante Deck:	3,14 m
Seitenhöhe bis Oberkante Gangspill:	7,04 m
Mastlänge:	24 m
Segelfläche:	190 m²
Schiffsgewicht:	60 t
Ballast:	26 t
Tiefgang ohne Ladung:	1,25 m
Tiefgang mit Ladung:	2,25 m
Laderaum-Fassungsvermögen:	ca. 160 m³ also ca. 84 t
Besatzung: ca.	15 Mann

Moderne technische Ausrüstung:

Wir nehmen nur das an Bord, was unumgänglich ist:

2 Rettungsinseln für je 20 Mann, Rettungsbojen mit Markierungsboje

1 Schlauchboot mit Außenbordmotor

je 1 automatische Schwimmweste pro Person

5 Pulverfeuerlöscher

Lenzmittel:

2 Handlenzpumpen
2 elektrische Bilgenpumpen
1 Diesellenzpumpe

1 Frischwassertank, 750 l

1 Fäkalientank, 750 l
für eine später einzubauende Toilette

1 5,5kw Generator mit Schalttafel für einfache elektrische Beleuchtung, Navigationslichter, Typhon, Funktelefon
Steuerkompass
Instrumentenbrett mit Digital und Analoganzeige für Kompass, Log, Lot, Windanzeiger, Peilkompass

STICHWORTREGISTER

Abbildungsnachweis:
(nach Abb-Nummern):

Reinhard Ziermann: 4, 10, 11, 20, 46, 48, 49, 50, 51, 53 (Seite 52), 56, 57, 61, 63, 65, 66, 77, 79, 80, 81, 82, 86, 87, 88, 89, 90, 92, 93, 95

Helmut Dose (Landesbildstelle): 5, 7, 8, 13, 15, 17, 18, 19, 21, 24, 25, 26, 28, 33, 34, 35, 44, 45, 47, 58, 60, 68, 69

Kai Greiser: 27, 29, 30, 36, 37, 39 (Seite 40), 40, 41, 83, 91

Martina Poersch: 6, 22, 23, 32

Ingo Clausen: 70, 71

Harro Postel: 72, 73, 74

Rolf Kelling-Eischeid: 9, 52 (Seite 50), 62, 67, 75, 76, 78, 84, 85, 96 und Umschlagfotos

Sammlung Uwe Baykowski: 14, 16, 31, 42, 59 (Seifert), 94 (Stöhr)

Die Abbildungen 2 (Focke-Museum, Bremen), 3, 12 (Jörg Redlin, aus Yearbook of the Intern. Assoc. of Transport Museums, Vol. 15/16, S. 28) und 43 (Werner Lahn, a.a.O., S. 33) veröffentlichen wir mit freundlicher Genehmigung des Deutschen Schiffahrtsmuseums Bremerhaven.

Die Siegelbilder (1, 54 und 55) entnahmen wir dem Buch von Dr. Paul Heinsius: Das Schiff der Hansischen Frühzeit, Weimar, 1956.

Stichwort	Seite
ABM	11, 83
Achterkastell	50
Achtersteven	21
Anker	65
Aufplanken	24
Aufriß	20
Außensteven	22, 40
Ballast	53
Bauweise	14
Beplankung	24
Beplankungsarten	26
Betingbalken	46
Biegen	25
Bodenwrangen	30
Bonnet	63
Bootsbauer	83
Bratspill	17, 48
Bremer Kogge	7
Bugversteifungen	45
Deck	43
Decksstringer	47
Dynanometer	70
Fotogrammetrie	9
Gangspill	18, 79
Gordings	64
GOTLAND	75
Hanse	7
Hauptspant	44
Holz	14
Hydrodynamik	70
Innenbeplankung	37
Jugend in Arbeit	11, 83
Kalfatern	28
Kastell	50
Kiel	11
Kielbohle	21
Kieler Ritze	39
Kielschwein	36
Koggenfund	7
Koggentyp	8
Konservierung	43
Kreuzeigenschaften	77
Lenzpumpe	52
Linienriss der HANSEKOGGE	20
Mallspanten	23
Mast	54
Mastbau	56
Mastfischung	57
Mastkreuz	57
Nägel	16
Pallen	21
Pinne	19
Planken	15, 24
Plankenbreiten	23
Plankenlasche	33
Querbalken	7, 34
Querknie	38
Rack	60
Rah	59
Rigg	54
Rödelholz	61
Ruder	18
Rüstbalken	49
Rumpfeigenschaften	70
Schiffsklo	50, 88
Schmied	16
Segel	62
Segeleigenschaften (Windkanal)	67
Segelversuche	75
Seitensteven	47
Setzbord	52
Spanten	30
Stapellauf	40
Stehendes Gut	61
Stevenband	36
Stevenknie	22
Taufe	42
Tauwerk	62
Tiefgang	78
Verein Jugend in Arbeit	11
Violine	54
Vorstag	60
Wantkästen	49
Wasserberg	76
Wechsel Beplankungsart	26
Wendemanöver	79
Werkzeuge	13

WEITERE BÜCHER AUS UNSEREM VERLAG:

HANDBUCH DER PRAKTISCHEN SEEMANNSCHAFT

auf traditionellen Segelschiffen
Jens KUSK Jensen
Übersetzt nach der dänischen Ausgabe von 1924 durch S. Reese.

Dieses Buch galt in Dänemark jahrzehntelang als die "Bibel" unter jungen Seefahrern. Es erklärt alle Begriffe und Arbeiten, die an Bord traditioneller Segelschiffe anfallen können.

Aus dem Inhalt: Material von Rigg und Trossen - Seemannsarbeiten mit Tauwerk und Draht - Blöcke und Taljen - Deplacement, Rauminhalt und Stabilität - Aufriggen einer Bark und eines Schoners mit allem stehenden und laufenden Gut - Segel und Segelmacherarbeiten - Anker - Spills - Manöver unter Segeln - Wriggen und Rudern - Instandhaltungsarbeiten - Slippen und Docken - Stauen von Ballast und Ladung - Beladen und Löschen - Rettungswesen - Navigation - Dienstgrade.

Fast alle Begriffe werden in drei Sprachen angegeben (Deutsch, Dänisch und Englisch), das Werk ist auch ein maritimes Wörterbuch.

Dieses Handbuch aus dem Jahre 1924 - dem Höhepunkt des professionellen Segelns - dürfte das Umfassendste sein, was in deutscher Sprache zum Thema vorliegt und ein unschätzbares Nachschlagewerk für alle maritim Interessierten, da die praktische Anwendbarkeit durch ein umfassendes Stichwortregister erweitert wurde.

448 Seiten im Format 21 x 26 cm, mit 546 Strich- und Federzeichnungen des Autors. Zahlreiche Tabellen und Stichwortregister. Kunstledereinband mit Goldprägung.
ISBN 3-924381-15-1, DM 120.--

HOLZBOOTSBAU

und der Bau von stählernen Booten und Yachten
Curt W. Eichler

Dieses als der EICHLER bekannte Buch gilt als DAS Holzbootsbaubuch. Nach einer Auflage aus den 60er Jahren wieder aufgelegt, beschreibt es mit über 400 Zeichnungen alle Einzelheiten und Techniken des Boots- und Yachtbaus.

Auf den ersten 100 Seiten beschreibt der Autor alle denkbaren Holzsorten für den Bootsbau und die grundsätzliche Holzbearbeitung wie Fällen, Trocknen, Lagern, Biegen und Verbinden von Hölzern.

Der Hauptteil behandelt dann den Bau mit allen Einzelheiten und -teilen wie: Kiel, Schwert, Ruder, Spiegel, Spanten, Bodenwrangen, Stringer, Balkweger, Knie, Decksbalken, die verschiedenen Bauweisen der Außenhaut, Deck, Aufbauten, Plicht, Grätings, Lüftung, Masten, Spieren usw. usw...

Dem klaren, deutlichen Stil des Autors ist es zu verdanken, daß dieses Buch nicht nur für professionelle Bootsbauer geeignet ist, sondern auch dem Selbstbauer oder Restaurierer mit Rat und Tat zur Seite stehen kann. Dabei kommt er immer wieder auf sein Hauptaugenmerk zurück: Die Festigkeit und Dichtigkeit und die möglichst lange Lebensdauer von Holz- und Stahlbooten.

Ausführliche Umrechnungstabellen zum engl. Maßsystem, Festigkeitsvorschriften und ein ausführliches Stichwortregister vervollständigen das Buch.

400 Seiten, über 400 Zeichnungen, farbiger Einband, gebunden, im Schuber.
ISBN 3-924381-29-1, DM 58.--
2. Reprintauflage

DAS GAFFELRIGG

Geschichte - Technik - Schiffstypen
John Leather

Das Gaffelrigg war neben der Rahtakelung über Jahrhunderte hinweg die gebräuchlichste Art der Segelführung auf Arbeits- und "Lust"schiffen. Nachdem die professionelle Segelschiffahrt beendet war, setzte sich auf Sportbooten die Hochtakelung durch. Heute ist das Gaffelrigg aufgrund der wachsenden Gemeinde der Freunde alter Segelschiffe wieder im Kommen.

Der Autor beschreibt das Rigg in seiner Gesamtheit und mit allen Einzelteilen: Mast, Spieren, stehendes und laufendes Gut sowie die Segel. Zudem wird auf die Handhabung und die Entwicklung eingegangen.

Anhand von historischen Fotos, von z.T. weltberühmten Fotografen wie Beken of Cowes, und Zeichnungen des Autors werden dann die gaffelgetakelten Schiffstypen vorgestellt: Sloop, Kutter, Kutteryachten, Smacks, Fischerboote, Lotsenboote und Schoner, Yawl, Ketch, Schoner und Fischereischoner aus aller Welt. Zusätzlich, der heutigen Entwicklung angepaßt, werden auch einige dänische Schiffstypen und die Schiffe der französischen Westküste anhand von Rissen vorgestellt.

Ausführliches Register.

336 Seiten im Format 15,5 x 21,6 cm, 44 historische Fotos, 110 Einzel- und Rißzeichnungen des Autors. Farbiger Einband, gebunden, im Schuber.
ISBN 3-924381-30-5, DM 68.--

Unsere Bücher gibt es überall im Buchhandel - oder schnell und unproblematisch direkt von uns:

RKE-VERLAG • DER VERLAG FÜR TRADITIONELLE SEGELSCHIFFAHRT
Kaistr. 33 (Eckmannspeicher) • W-2300 Kiel 1 • Tel.: (0431) 6 32 43 • Fax: (0431) 678 568